LUISE KAUTSKY: GESAMMELTE SCHRIFTEN

HERAUSGEGEBEN VON GÜNTER REGNERI

BAND 7

Karl Marx

Die Inauguraladresse der internationalen Arbeiter-Assoziation

Übersetzt von
Luise Kautsky

Herausgegeben, eingeleitet und kommentiert von
Karl Kautsky

Bibliografische Information der Deutschen Bibliothek:
Die Deutsche Nationalbibliothek verzeichnet diese Publikation in der
Deutschen Nationalbibliografie.
Detaillierte bibliografische Daten sind im Internet unter http://dnb.d-nb.de abrufbar.

ISBN: 978-3-96024-006-8

Pappelallee 55, 10437 Berlin
info@heptagon.de
1. Auflage 2021
Herstellung: BoD - Books on Demand, Norderstedt

Dieses Buch ist auch als E-Book (ISBN: 978-3-96024-007-5) erhältlich.

Besuchen Sie uns im Internet: www.heptagon.de

Inhalt

Vorwort (Karl Kautsky)

Jeder geschulte Marxist, der an den Diskussionen unserer Zeit teilnimmt, empfindet es schmerzlich, dass Anschauungen, die schon vor Jahrzehnten erledigt waren, immer wieder auftauchen, so dass wir bei unseren Auseinandersetzungen stets von neuem bei Adam und Eva anfangen und längst Überwundenes immer von neuem erledigen müssen. Das ist zum Teil dem Umstand zuzuschreiben, dass unsere alte Parteiliteratur vergessen und vielfach demjenigen, der sie heute nachlesen will, gar nicht mehr zugänglich ist. Zu diesen unzugänglichen Schriften gehört auch die **Inauguraladresse**. Das ist eine ganz erstaunliche Tatsache. Mehr als je steht heute der Sozialismus unter dem Zeichen von Karl Marx. Nahmen ehedem die Sozialisten Stellung für oder wider Marx, so streiten sie heute, welche Auffassung der Marxschen Lehren den wahren Sozialismus darstelle. Nun steht die **Inauguraladresse** unter den für die Propaganda im Proletariat verfassten programmatischen Schriften eines Marx an Bedeutung gleich hinter dem **Kommunistischen Manifest**. Und sie ist seit dem Beginn der

Ersten Internationale vor mehr als einem halben Jahrhundert in besonderer Ausgabe nicht erschienen!

Gern folgte ich daher der Anregung des Genossen P. Kampffmeyer, die **Inauguraladresse** neu herauszugeben. Dazu galt es zunächst, sie neu zu übersetzen. Marx beschreibt in einem Brief an Engels vom 4. November 1864 die Entstehung der »Internationalen Arbeiter-Assoziation« und der **Inauguraladresse**. Die Gründung der Internationale wurde beschlossen in einer Versammlung in St. Martins Hall (London) am 28. September 1864 und ein Komitee gewählt, das provisorische Statuten und eine Prinzipienerklärung ausarbeiten sollte. In dieses wurden zumeist, wie natürlich, Engländer gewählt, doch auch einige Italiener und Franzosen, sowie zwei Deutsche, Eccarius und Karl Marx.

Verschiedene Entwürfe zu den Statuten und der Prinzipienerklärung wurden dem Komitee vorgelegt, von dem Mazzinisten Wolff, der trotz seines Namens ein Italiener war, und von dem Oweniten Weston. Der Franzose Le Lubez arbeitete dann den Antrag Wolff um. Das Ergebnis war eine Erklärung, »wo der Mazzini überall durchguckte, überkrustet mit den vagsten Fetzen von französischem Sozialismus. Außerdem war das italienische (von Wolff vorgeschlagene) Reglement im großen Ganzen aufgenommen, das, von allen andern Fehlern abgesehen, in der Tat etwas ganz Unmögliches bezweckte, eine Art Zentralregierung (natürlich mit Mazzini im Hintergrund) der *europäischen* Arbeiterklassen«. Was Marx damals als »Unmögliches« bekämpfte, ist in unseren Tagen als Dritte Internationale erstanden, mit einer Zentralregierung von einer unumschränkten Gewalt, wie sie Mazzini kaum je zu üben vermocht hätte. Natürlich behaupten die heutigen Nachfolger Mazzinis in Moskau, dass sie allein den wahren Marxschen Geist repräsentieren.

In der Sitzung vom 18. Oktober erhob Marx eine Reihe von Einwendungen gegen diese Entwürfe. Eccarius schlug schließlich vor, die Sache solle von neuem redigiert werden. Nur die »Sentiments« (allgemeinen Sätze) aus der Le Lubezschen Erklärung wurden angenommen.

Am 20. Oktober diskutierte man die Entwürfe nochmals, aber Marx war nun entschlossen, dass »womöglich nicht eine Zeile von dem Zeug stehen bleiben sollte«. Man kam wieder zu keinem Resultat und vertagte die definitive Beschlussfassung auf den 27. Oktober.

> »Dies wurde angenommen und die ›Papiere‹ mir zur Ansicht hinterlassen. Ich sah, dass es unmöglich war, etwas aus dem Zeug zu machen. Um die höchst sonderbare Art, worin ich die bereits ›votierten Sentiments‹ zu redigieren bezweckte, zu rechtfertigen, schrieb ich eine Adresse an die Arbeiterklasse (was nicht im ursprünglichen Plane); eine Art Rückblick auf die Schicksale der Arbeiterklasse seit 1845; unter dem Vorwand, dass alles Faktische in dieser Adresse enthalten und dass wir dieselben Sachen nicht dreimal sagen dürften, veränderte ich die ganze Einleitung, schmiss die Prinzipienerklärung heraus und setzte endlich an die Stelle der 40 Satzungen 10. Soweit in der Adresse die internationale Politik vorkommt, spreche ich von Staaten, nicht von Nationalitäten und denunziere Russland und nicht die kleineren Mächte. Meine Vorschläge alle

angenommen vom Subkomitee. Nur wurde ich verpflichtet, in die Einleitung der Statuten zwei ›Recht‹- und ›Pflicht‹-Phrasen, ditto Wahrheit, Sittlichkeit und Gerechtigkeit aufzunehmen, was aber so plaziert ist, dass es keinen Schaden tun kann.

In der Sitzung des Generalkomitees wurde meine Adresse usw. mit großem Enthusiasmus aufgenommen (einstimmig) ... Le Lubez hat eine Kopie der Adresse zur Übersetzung ins Französische und Fontana zur Übersetzung ins Italienische ... Ich selbst soll das Zeug ins Deutsche übersetzen.«

(**Briefwechsel zwischen Engels und Marx. 1844–1883**. Hrsg. von August BEBEL und Eduard BERNSTEIN, Bd. III, Stuttgart 1913, S. 188–191.)

Marx hat diese Übersetzung jedenfalls geliefert und sie wird auch als selbständige Schrift ebenso erschienen sein wie das englische Original, das in London als **Address and Provisional Rules of the International Working Men's Association** erschien. Doch ist mir diese deutsche Ausgabe nie zu Gesicht gekommen und es war mir unmöglich, sie aufzutreiben. Im Jahre 1866 begann in Genf der ***Vorbote*** zu erscheinen, von J. Ph. Becker als Zentralorgan der deutschen Sprachgruppe der »Internationale« herausgegeben. Er veröffentlichte die Inauguraladresse als »Manifest an die arbeitende Klasse Europas«.

Zwei Jahre später, 1868, gab Wilhelm Eichhoff in Berlin ein Büchlein heraus über **Die Internationale Arbeiterassociation**, in dem er die Adresse vollständig wiedergab. Hier trägt sie bereits den Namen der Inauguraladresse. Merkwürdigerweise druckte Eichhoff nicht den im Zentralorgan 1866 erschienenen, also gewissermaßen offiziellen deutschen Wortlaut ab, sondern gab eine neue »möglichst wortgetreue« Übersetzung.

Als dann 1870 der Deutsch-Französische Krieg ausbrach und Bebel und Liebknecht es ablehnten, die Kriegskredite zu bewilligen, war die Folge der Leipziger Hochverratsprozess gegen die beiden Genannten und Hepner (vom 11. bis 26. März 1872), in dem der Ankläger großes Gewicht auf die hochverräterische Tätigkeit der »Internationale« legte. Zur Begründung ließ er unter anderem viele Seiten aus der Eichhoffschen Broschüre verlesen, darunter auch die **Inauguraladresse**. Im Kongress-Protokoll, das der ***Volksstaat*** herausgab, wurde dann die **Inauguraladresse** in der Eichhoffschen Übersetzung abgedruckt. Eine neue Auflage des Protokolls gab der Verlag des ***Vorwärts*** 1894 heraus. Jeder, der heute in Deutschland die **Inauguraladresse** kennt, hat sie wohl ausnahmslos im Protokoll des Leipziger Prozesses gelesen.

Warum aber hat Eichhoff nicht die Übersetzung des ***Vorboten*** benutzt? Das erscheint um so auffälliger, als verschiedene Eigentümlichkeiten des Stils darauf hinweisen, dass die Fassung des ***Vorboten*** von Marx selbst herrührt.

Dennoch müssen wir zugeben, dass Eichhoff recht hatte, eine neue Übersetzung anzufertigen. Denn für deutsche Arbeiter war die des ***Vorboten*** nicht immer verständlich, wegen des eigentümlichen Umstands, den ich schon in meiner Vorrede zur Volksausgabe des **Kapital** erörtert, dass Marx nach mehrjährigem Aufenthalt in England, wenn er aus dem Englischen übersetzte, oft mehr vom englischen als vom deutschen Sprachgeist beherrscht wurde. Dies scheint namentlich dann der Fall gewesen zu sein, wenn er sehr ermüdet war. So schreibt er z. B. am 1. Februar 1865 an Engels:

> »Die englischen Brocken in meiner Epistel musst Du damit entschuldigen, dass gestern sitting of the Council (Sitzung des Generalrats. K. K.) war, dauernd bis one o'clock (ein Uhr. K. K.).«
>
> (**Briefwechsel**, III, S. 222.)

Nun musste Marx, wie wir gesehen, die Adresse englisch in großer Hast, nach vielen ermüdenden Sitzungen abfassen, und mit der Übersetzung, die sich daran anschloss, wird es ebenso gegangen sein.

So ist es vielleicht zum Teil zu erklären, dass die Adresse in der Fassung des ***Vorboten*** von einer »parlamentarischen Audienz« spricht, womit eine parlamentarische Zuhörerschaft gemeint ist; oder von »plausiblen Lords«, worunter Aristokraten mit angenehmen Manieren verstanden werden sollen. Manche Wendung fiel wieder dadurch auf, dass sie, wenn auch verständlich, so doch undeutsch war, so dort, wo die Adresse von »Arbeiterbevölkerungen« sprach.

Überdies aber gibt es Sätze in der Adresse, deren sonderbare deutsche Fassung selbst durch das englische Original nicht erklärt wird. So heißt es einmal, dass die »Personen mit jährlichem Einkommen von 50.000 Pfund Sterling und über 50.000 Pfund Sterling sich vom 5. April 1862 bis 5. April 1863 durch ein Dutzend und eins *rekrutiert* hatten, indem ihre Anzahl in diesem Jahre von 67 auf 80 stieg«.

Im englischen Original aber heißt es, dass jene Personen »had been *joined* by a dozen and one«, das heißt, dass zu den fraglichen Personen sich noch ein Dutzend und eine hinzugesellt hatten. Diese und andere Eigenheiten der Übersetzung, die im ***Vorboten*** erschien, machen es begreiflich, dass Eichhoff sie nicht abdruckte, sondern durch eine neue ersetzte, die weit lesbarer ist. Aber leider hat sie viel von der Kraft und Wucht verloren, die der Fassung des ***Vorboten*** innewohnte, und immer hat auch sie sich nicht von Anglizismen freihalten können. An einer Stelle der Adresse heißt es: »One element of success they possess – numbers«. Das gibt Eichhoff mit den Worten wieder: »*Ein* Element des Erfolges besitzen sie (die Arbeiter) – *Zahlen*«.

Das ist wörtlich übersetzt richtig, tatsächlich aber ein Unsinn. Number heißt wohl die Zahl, aber die Mehrzahl numbers bedeutet nicht bloß Zahlen, sondern auch eine große Masse oder Menge. So gebraucht Milton einmal das Wortspiel von numbers numberless, die sich durchs Tor drängten, was man nur als »zahllose Menge« und nicht als »zahllose Zahlen« übersetzen kann.

Angesichts dieses Zustandes der bisherigen Übersetzungen hielt ich es für wünschenswert, dass eine ganz neue angefertigt werde, die hoffentlich den Anforderungen an Verständlichkeit und Korrektheit besser entspricht. Es war dabei sicher geboten, dass sie sich so viel wie möglich an die Fassung des ***Vorboten*** anlehnte.

Da die Arbeiter so wenig mehr von der Ersten Internationale wissen und so wenige Möglichkeiten mehr haben, sich über sie zu unterrichten, erschien es mir zweckmäßig, mit der Adresse auch noch die Statuten der Internationale zu veröffentlichen, die in deutscher offizieller Ausgabe vorliegen, sowie die wichtigsten Resolutionen des Genfer Kongresses der Internationale von 1866, die der Generalrat vorschlug und die von Marx herrühren.

Ich habe mehrere von ihnen bereits in der ***Neuen Zeit*** veröffentlicht (1894, 1895, 1906). Alle diese Dokumente zusammen veranschaulichen wohl am besten den Geist, den Marx in die »Internationale« hineintrug. Sie alle sind wichtige historische Dokumente, die aber noch heute mehr als bloß historische Bedeutung besitzen.

***

Es wurde schon bemerkt, dass die **Inauguraladresse** in der programmatischen Literatur des Marxismus an Bedeutung gleich hinter dem **Kommunistischen Manifest** kommt. Auch der Staatsanwalt im Leipziger Hochverratsprozess hat beide in Verbindung miteinander gebracht und konstatiert, dass beide den gleichen Geist atmen. Doch wäre er kein Staatsanwalt gewesen, wenn er diesen Geist begriffen hätte. Er meinte, die Internationale sei ebenso wie der Bund der Kommunisten eine Verschwörergesellschaft zu putschistischen Zwecken. Dies schloss er aus einer »konfidentiellen (vertraulichen) Mitteilung«, die Marx an den deutschen Parteiausschuss im März 1870 gesandt hatte und die von der Polizei beschlagnahmt worden war. Darin wurde nach der Behauptung des Staatsanwalts vom Generalrat der Internationale selbst erklärt: »seine Tätigkeit sei eine unterirdische – er habe die Hand auf dem Hebel der Revolution – der Generalrat werde bei etwaigen Revolutionen maßgebend eintreten«. Die Stelle, auf die sich der Staatsanwalt bezog, ist für den Charakter, den Marx der Internationale zu geben suchte, sehr bezeichnend. Sie hat aber darüber hinaus gerade heute besonderes aktuelles Interesse. Sie sei daher hier vollinhaltlich mitgeteilt. Aber nicht in der staatsanwaltlichen Fassung. Dem Herausgeber des Prozessprotokolls war nur diese Fassung zugänglich und sie war lange die einzig zitierte.

Als ich die Marxschen Briefe an Kugelmann zur Veröffentlichung bekam, entdeckte ich unter ihnen die konfidentielle Mitteilung, die Marx an Kugelmann gesandt hatte, damit er sie dem Parteiausschuss übermittle. Das bei diesem später beschlagnahmte Exemplar scheint nur eine Kopie gewesen zu sein. Ein Teil des Schriftstücks ist in französischer Sprache abgefasst. Ich zitiere nicht nach der Übersetzung des Staatsanwalts, sondern nach der meinigen (vgl. ***Die Neue Zeit***, XX., 2, S. 476 ff.). Die Frage, um die es sich in der betreffenden Stelle der »Mitteilung« handelte, entstand daraus, dass der Generalrat der Internationale gleichzeitig auch der Leiter der englischen Sektion war. Von verschiedener Seite wurde dieser Zustand bemängelt und verlangt, die englische Sektion solle ebenso wie jede andere ihre vom Generalrat gesonderte Leitung haben. Die Bakunisten nahmen diese Forderung auf, z. B. in ihrem Organ, der ***Egalité***, durch die sie den Generalrat zu schwächen hofften.

Marx entwickelt in der Mitteilung nun die Gründe, die gegen jenes bakunistische Verlangen sprachen. Er sagt:

»Obgleich die revolutionäre Initiative wahrscheinlich von Frankreich ausgehen wird, kann England allein als *Hebel* für eine ernsthafte *ökonomische* Revolution dienen. Es ist das einzige Land, wo es keine Bauern mehr gibt und wo der Grundbesitz in wenigen Händen konzentriert ist. Es ist das einzige Land, wo die *kapitalistische* Form – das heißt die kombinierte Arbeit auf großer Stufenleiter unter kapitalistischen Unternehmern – sich fast der ganzen Produktion bemächtigt hat. Es ist das einzige Land, wo die *große Mehrheit der Bevölkerung aus Lohnarbeitern* besteht. Es ist das einzige Land, wo der Klassenkampf und die Organisation der Arbeiterklasse durch die Gewerkschaften einen gewissen Grad der Reife und der Allgemeinheit erreicht haben. Dank seiner Herrschaft auf dem Weltmarkt ist es das einzige Land, wo jede Revolution seiner ökonomischen Verhältnisse unmittelbar auf die ganze Welt zurückwirken muss. Wenn der Landlordismus und der Kapitalismus ihren klassischen Sitz in diesem Lande haben, so sind hinwiederum die materiellen Bedingungen ihrer Vernichtung dort am höchsten entwickelt. Der Generalrat ist jetzt in der glücklichen Lage, die Hand *direkt auf den großen Hebel der proletarischen Revolution zu legen*, welche Torheit, ja man könnte fast sagen, welches Verbrechen wäre es da, ihn in bloß englische Hände fallen zu lassen.

Die Engländer besitzen alle notwendigen *materiellen Vorbedingungen* der sozialen Revolution. Was ihnen fehlt, das ist der *Geist der Verallgemeinerung* und die *revolutionäre Leidenschaft*. Es ist nur der Generalrat imstande, sie einzuflößen und dadurch eine wahrhaft revolutionäre Bewegung in diesem Lande und infolgedessen *allenthalben* zu beschleunigen …

Wenn wir es vorziehen würden, an Stelle ernster und ungesehener Arbeit die laute Marktschreierei zu setzen, dann hätten wir vielleicht den Fehler begangen, öffentlich auf die Frage der ***Egalité*** zu antworten, warum ›der Generalrat sich dieser so lästigen Kumulierung seiner Funktionen unterzieht‹.

England darf nicht einfach als ein Land wie andere Länder betrachtet werden. Es muss als die *Metropole des Kapitals* betrachtet werden.«

Dies gilt heute wieder in vollem Maße. Als Marx die eben zitierten Ausführungen schrieb, war sein Einfluss auf die englischen Arbeiterführer noch ungebrochen, bildete der englische Kapitalismus den einzigen entwickelten der Welt und die englische Arbeiterbewegung die einzige, die über Massenorganisationen verfügte. Kurz darauf brach der Deutsch-Französische Krieg aus, in dessen Folge Deutschland zu einem Staatswesen wurde, dessen industrielle Entwicklung die Englands fast zu überflügeln drohte. Seine Arbeiterbewegung wurde nun die erste der Welt. Sie entwickelte sich völlig unabhängig von aller bürgerlichen Beeinflussung. Den Arbeiterführern Englands dagegen wurde nach der Pariser Kommune die Marxsche Führung immer unbequemer. Sie gerieten völlig ins liberale Fahrwasser. Unter diesen Umständen verlor England seine Bedeutung in der internationalen proletarischen Bewegung.

Jedoch im Verlauf der ersten Jahrzehnte des zwanzigsten Jahrhunderts verschärften sich die Klassengegensätze in England, die englischen Arbeiter warfen die bürgerliche Führung ab und machten sich politisch selbständig in ihrer Labour Party (Arbeiterpartei). Der Weltkrieg endlich hat Deutschland arm gemacht,

England dagegen wieder zur Metropole des Kapitals, nicht der *Welt* – diese Stellung muss es hinfort mit Amerika teilen –, aber des Kapitals *Europas* gemacht. Und ist es heute auch nicht mehr so, dass England *allein* als Hebel für eine ernsthafte ökonomische Revolution dienen kann, so ist es doch das Land, das *vornehmlich* als dieser Hebel in Betracht kommt. Eine Internationale ohne die Labour Party ist von vornherein zur Unfruchtbarkeit verurteilt. Es ist möglich, dass die Zeit noch nicht reif ist, eine allumfassende Internationale zu schaffen, obwohl die Welt ihrer aufs Dringendste bedarf. Ich sehe allerdings für ein weiteres Verschieben der Wiederherstellung der Internationale keinen Grund, außer der Unwilligkeit derjenigen, die uns zu weiterem Warten ermahnen. Wie immer aber man darüber denken mag, so hat doch jeder, der eine wirksame Internationale wünscht, die Pflicht, den Gedanken mit aller Energie zu propagieren, dass eine Verständigung der sozialistischen Parteien außerhalb Englands mit der Labour Party eine der dringendsten Aufgaben der Zeit ist, soll die Welt gesunden und eine vernünftige Weltpolitik möglich werden.

Wenn heute wieder wie in den Zeiten der Ersten Internationale England den vornehmsten Hebel der Revolution darstellt, so ist diese Revolution selbstverständlich nicht in jenem Sinne gemeint, in dem sie allein den Leipziger Staatsanwalt wie jeden Staatsanwalt interessierte, in dem eines durch eine unterirdische Verschwörung vorbereiteten und geleiteten Putsches. Schon das **Kommunistische Manifest** besiegelte den Bruch des Bundes der Kommunisten mit blanquistischem Verschwörertum. Die **Inauguraladresse** erstand unter Ablehnung des Mazzinistischen Verschwörertums. Wenn der Leipziger Staatsanwalt aus der konfidentiellen Mitteilung den Beweis für das Gegenteil zu schöpfen suchte, so gehörte dazu nicht nur eine starke Borniertheit, sondern auch die – sagen wir Umdeutung – der »ernsten und ungesehenen Arbeit« in »ernstes und unterirdisches Handeln«. Diese Arbeit wird in der Mitteilung von Marx nicht etwa in Gegensatz gebracht zur legalen, öffentlichen Arbeit, sondern zu »lauter Marktschreierei«. Die illegale, unterirdische Arbeit schließt aber laute Marktschreierei nicht aus, ist vielmehr oft mit ihr eng verbunden. Es gibt keine lauteren Marktschreier als die illegalen Agenten der Dritten Internationale.

Inauguraladresse und **Kommunistisches Manifest** sind aus dem gleichen Geiste geboren, aus dem des proletarischen Klassenkampfes, der an Stelle von Putschisterei und Sektiererei zu treten hat.

***

Bei aller Übereinstimmung im grundsätzlichen Teil zeigt aber doch die **Inauguraladresse** ein ganz anderes Gesicht als das **Kommunistische Manifest**.

Dieses predigt den »gewaltsamen Umsturz aller bisherigen Gesellschaftsordnung«, die »Aufhebung des Privateigentums«; es nennt den Kampf des Proletariats einen »mehr oder minder versteckten Bürgerkrieg«.

Die **Inauguraladresse** preist die Arbeiterschutzgesetzgebung und die Gründung von Produktivgenossenschaften. Ein strenger Kritiker von der Art der heutigen Kommunisten könnte mit Leichtigkeit beweisen, Marx sei in der Zeit zwischen dem **Kommunistischen Manifest** und der **Inauguraladresse** zur Verleugnung seines revolutionären Standpunktes gekommen und habe sich dem Reformismus ergeben. In Wirklichkeit bezeugt der Vergleich der Inauguraladresse mit dem Kommunistischen Manifest, dass Revolution und Reform für den Marxismus keine absoluten Gegensätze sind. Der Marxismus ist die Philosophie des Klassenkampfes. Welche Formen dieser jeweilig annimmt, ob revolutionäre oder reformistische, das hängt von der historischen Situation ab.

Der Standpunkt, den Marx einnahm, war 1864 derselbe wie 1847. Aber die Situation hatte sich vollständig gewandelt. Im Jahre 1847 stand die Revolution vor der Tür. Marx wusste wohl, das Proletariat sei noch nicht stark und reif genug, gleich die politische Macht zu gewinnen und zu behaupten. Aber er rechnete auf eine Revolution, noch ungeheurer als die französische; auf jahrzehntelange revolutionäre Kämpfe, aus denen das Proletariat als herrschende Klasse hervorgehen werde.

Diese Erwartung hatte getrogen, die Revolution war kurzlebig gewesen und hatte in Frankreich wie England mit einem Zusammenbruch der proletarischen Bewegung geendet. Doch war die Revolution nicht ganz fruchtlos gewesen. Sie bildete den Ausgangspunkt zu einer rapiden Entwicklung des Kapitalismus in Westeuropa, damit aber auch zu einer Neubelebung des proletarischen Klassenkampfes auf einer erweiterten Basis, die ihm neue Formen verlieh. So hielt es Marx für zweckmäßig, 1864 eine andere Sprache zu sprechen als siebzehn Jahre vorher. Doch nicht bloß die Sprache änderte er. In diesen siebzehn Jahren hatte er ungeheuer viel gelernt; es war der Zeitraum, in dem das **Kapital** geschaffen wurde. Da musste er nicht bloß die Sprache ändern, sondern auch manche Anschauung dazu.

Man vergleiche z. B. den Aufsatz, den Engels, sicher mit Zustimmung von Marx, im 4. Heft der Revue ***Neue Rheinische Zeitung*** 1850 über »Die englische Zehnstundenbill« veröffentlicht, mit dem, was die Inauguraladresse über den Zehnstundentag sagt. Engels betonte bereits die Unentbehrlichkeit des Zehnstundentages für die Arbeiter, aber er meinte, gegenüber dem Ansturm des Kapitals würde sich der Zehnstundentag nicht behaupten lassen. Nur die proletarische Revolution könne Bedingungen schaffen, die eine Beschränkung der Arbeitszeit in der Industrie möglich machten. Die Inauguraladresse dagegen fand den Zehnstundentag als anerkannte Einrichtung Englands vor und konnte seine segensvollen Wirkungen preisen, in einer Zeit größter Macht des Kapitalismus. Marx gehörte natürlich nicht zu jenen, die daraus schlossen, die proletarische Revolution sei hinfort überflüssig. Wohl aber durfte er schließen, das Proletariat sei imstande, schon im Rahmen des kapitalistischen Staates soviel Kraft zu erlangen, dass es sich erhebliche Konzessionen zu ertrotzen vermöge und nicht alles auf den Tag nach der Revolution zu verschieben brauche.

Neben dem Zehnstundentag hebt Marx die Produktivgenossenschaften hervor, als ein Mittel, die Arbeit zu befreien, wenn es in nationalen Dimensionen mit nationalen Mitteln gefördert wird. In dieser Auffassung begegnet sich Marx mit Lassalle, der ein Jahr vor der **Inauguraladresse** den gleichen Standpunkt entwickelt hatte. Ebenso nahe, wie die Vergleichung der **Inauguraladresse** mit dem **Kommunistischen Manifest**, liegt in der Tat der Vergleich mit einer der Lassalleschen Propagandaschriften, etwa dem **Offenen Antwortschreiben**.

Die Erwartung ist veraltet, die hier wie dort in die Produktivgenossenschaften gesetzt wird. Gegenüber den modernen Trustungetümen reicht die Produktivgenossenschaft nicht mehr aus. Da müssen andere Formen der Sozialisierung gesucht werden. Aber durch das Veralten dieses einen Punktes wird die **Inauguraladresse** weit weniger beeinträchtigt als das **Offene Antwortschreiben**. Denn dieses sucht alle Anstrengungen der Arbeitermasse ökonomisch auf die Produktivgenossenschaften zu konzentrieren. Es hat kein Auge für den Normalarbeitstag, dessen Wichtigkeit Marx so sehr hervorhebt. Es ignoriert die Gewerkschaften, während die Organisation, deren Programm in der Inauguraladresse skizziert wurde, aus den englischen Gewerkschaften hervorging und sich in organisatorischer Hinsicht in erster Linie die Verbreitung des Gewerkschaftsgedankens außerhalb Englands zur Aufgabe setzte.

Und ebenso wie ökonomisch unterschied sich die Lassallesche Auffassung von der Marxschen auch politisch. Lassalle wies die Arbeiter auf den Staat hin, als den Heiland, der ihnen die Erlösung bringen werde. Die »wahre« Aufgabe des Staates sei »die Erziehung und Entwicklung des Menschengeschlechts zur Freiheit«. Diese Auffassung jeglichen Staates brachte ihn schließlich in eine Situation, in der er die Arbeiter auch auf das von Bismarck geführte preußische Königtum als ihren Retter hinweisen musste.

Die Marxsche Auffassung vom Staat war keine so absolute. Der Staat ist wie etwa die Genossenschaft eine Form, die sehr verschiedenen Inhalt haben kann. Es ist Unsinn, wenn man Sozialismus als Genossenschaftlichkeit bezeichnet. Proletarische Genossenschaften werden in der Regel etwas sozialistisches an sich haben. Aber man kann doch nicht dasselbe von Genossenschaften sagen, die aus Agrariern oder Kapitalisten bestehen.

So ist auch der Staat unter verschiedenen sozialen Verhältnissen etwas sehr verschiedenes. Marx sah ebenso sehr wie Lassalle die große Bedeutung der Staatsmacht für die Befreiung des Proletariats, aber er forderte die Arbeiter nicht auf, Hilfe von dem Staat zu erwarten, wie er war, sondern die politische Macht zu erobern, um den Staat in einer Weise umzugestalten, die ihn zu ihrem Staat machte.

Nun konnte sich auch Lassalle dieser Erkenntnis nicht ganz entziehen. Er musste doch Zweifel hegen, ob der Staat so willig sein werde, seine »wahre« sittliche Aufgabe zu erfüllen. Daher fordert Lassalle das allgemeine Wahlrecht. Wenn das gegeben werde, dann würde der Staat sich sofort an die Befreiung der Arbeiter machen.

Auch hier unterschied sich Marx von Lassalle. Wie dieser erkannte er die Unentbehrlichkeit des Wahlrechts. Wie dieser sah er in ihm das beste Mittel, die Staatsmacht zu gewinnen – aber nicht unter allen Umständen. In England, wo das industrielle Proletariat die Mehrheit der Nation bildete und eine weitgehende

Presse-, Vereins- und Versammlungsfreiheit bestand, war für ihn wie für Engels das allgemeine Wahlrecht die entscheidende Waffe im Kampf des Proletariats um die Staatsmacht. Bereits 1850 schrieb Engels in dem oben schon zitierten Artikel über die Zehnstundenbill:

> »Das allgemeine Stimmrecht in dem zu zwei Dritteln von industriellen Proletariern bewohnten England ist die ausschließliche politische Herrschaft der Arbeiterklasse mit allen den revolutionären Veränderungen der gesellschaftlichen Zustände, die davon unzertrennlich sind.«

Aber neben England, in dem die Chartisten um das Stimmrecht kämpften, stand Frankreich, dessen Arbeiter das allgemeine Wahlrecht im Februar 1848 erobert hatten. Nach dem Umsturz der Republik war es das zweite Kaiserreich, das sich auf der Basis des allgemeinen Wahlrechts erhob und sehr gut mit ihm auskam, angesichts der großen bäuerlichen Mehrheit im Lande, der Pressknebelung und der völligen Unterdrückung jeder freien organisatorischen Bewegung durch eine streng zentralisierte Bürokratie.

Das zeigte Marx deutlich, dass das allgemeine Wahlrecht nicht unter allen Umständen ein Mittel der proletarischen Befreiung bildet, sondern dabei an bestimmte Vorbedingungen geknüpft ist. Nur wo diese Bedingungen gegeben sind, wird es aus einem Mittel der Nasführung der Arbeiter zu einem Mittel ihrer Befreiung, wie er später einmal sagte. Aber freilich, wo die Bedingungen fehlen, die das allgemeine Wahlrecht zu einem Mittel der Befreiung des Proletariats machen, fehlen die Bedingungen für diese Befreiung überhaupt. Marx gehörte nicht zu jenen, die nach einem Mittel der Befreiung suchten, das unter allen Umständen wirkte, ob die sozialen Bedingungen dafür reif waren oder nicht.

Die politische Theorie von Karl Marx war also eine Relativitätstheorie, unvereinbar mit jeder absoluten Staatstheorie, der Lassalles ebenso wie der Lenins.

Nicht zum wenigsten verdankt es die **Inauguraladresse** diesem Relativitätsstandpunkt, dass sie, obwohl in manchen Einzelheiten überholt, dennoch an ihrer programmatischen Bedeutung nichts eingebüßt hat.

Am aktuellsten aber berühren uns heute die Ausführungen ihres Schlusses, die dartun, dass das Proletariat sich nicht befreien kann, solange es sich nicht in seiner äußeren Politik ebenso wie in seiner inneren selbständig gemacht und der bürgerlichen Führung entzogen hat. Es ist dabei gerade heute nichts weniger als überflüssig, die Forderung der **Inauguraladresse** zu erneuern, dass die äußere Politik des Proletariats sich von der bürgerlichen nicht bloß in ihren Zielen, sondern auch in ihren Mitteln grundsätzlich scheidet.

Wenn die **Inauguraladresse** fordert, dass die proletarischen Parteien die diplomatischen Aktionen ihrer Regierungen überwachen und, wenn nötig, vereiteln sollen, so war das unter allen Umständen geboten; es konnte aber in der Zeit der Ersten Internationale nur wenig praktische Bedeutung gewinnen, angesichts der damaligen politischen Schwäche des Proletariats. Heute dagegen sind wir in den entscheidenden Staaten der modernen Welt so weit, dass gegen das Proletariat nicht mehr regiert werden kann. In England und Deutschland ist die politische Alleinherrschaft des Proletariats nur noch eine Frage weniger Jahre. Und überall haben die Volksmassen begriffen, von welcher Bedeutung die auswärtige Politik für sie geworden ist. Sie beschäftigt sie aufs Lebhafteste, sie wird immer mehr eine öffentliche Angelegenheit. Die Diplomatie war das Gebiet, in dem sich der Regierungsabsolutismus am längsten erhielt, das der Demokratie am schwersten zugänglich war. Nun beginnt sie sich auch diesen Boden zu erobern.

Angesichts dessen und angesichts der Furchtbarkeit der auswärtigen Probleme, die augenblicklich die ganze Welt bedrängen, ist der internationale Zusammenschluss der selbständigen proletarischen Massenparteien die dringendste Aufgabe des Tages und mir ist die Gemütsruhe schwer verständlich, mit der manche Sozialisten noch die augenblickliche jämmerliche Spaltung der Internationale ansehen, und uns beschwichtigend versichern, es sei noch nicht an der Zeit, eine allumfassende Internationale aufzurichten, denn es seien noch nicht alle Schwierigkeiten ihres Zusammenschlusses überwunden. Gewiss gibt es noch solche Schwierigkeiten, aber ihr Bestehen sollte nur einen Ansporn bilden, alles daranzusetzen, sie zu überwinden.

Diejenigen, denen das gelingt, werden sich um die Befreiung der Arbeit und damit der Menschheit ebenso verdient machen, wie Marx und seine Freunde, denen es in der Ersten Internationale gelang, so viele widerstrebenden Köpfe unter einen Hut zu bringen; und wie die Engels, Bebel, Victor Adler und ihre Freunde, denen es gelang, weit größere Schwierigkeiten des internationalen

Zusammenschlusses zu überwinden, als sie heute bestehen, und die Zweite Internationale zu begründen.

Allen denen, die zur Erkenntnis der dringenden Notwendigkeit gelangt sind, eine allen selbständigen, den Klassenkampf führenden Massenparteien des Proletariats offenstehende Internationale wiederherzustellen – ihnen allen wird die neue Ausgabe der **Inauguraladresse** willkommen sein mit ihrer Aufforderung zur Einigkeit. Nichts aktueller, aber auch erschütternder, als der Hinweis darauf, dass ohne Gemeinsamkeit der Aktion doch eine »Gemeinsamkeit der Niederlage« unter den Arbeitern besteht, sowie die prophetische Warnung, dass eine jede »Missachtung des Bandes der Brüderlichkeit, das die Arbeiter verbinden und anfeuern sollte«, stets bestraft wird durch die »allgemeine Vereitlung ihrer zusammenhanglosen Versuche«. Die **Inauguraladresse** gipfelt in dem Mahnruf, mit dem sie ebenso schliefet wie das **Kommunistische Manifest**:

»Proletarier aller Länder vereinigt Euch!«

K. Kautsky

Adresse und Statuten
der Internationalen Arbeiter-Assoziation.

Begründet am 28. September 1864 in einer öffentlichen Versammlung in St. Martins Hall, Long Acre, London.

Arbeiter, Genossen!

Es ist eine sehr wichtige Tatsache, dass das Elend der Arbeiterklasse in den Jahren 1848–1864 sich nicht vermindert hat, trotzdem diese Periode unerreicht dasteht in der Entwicklung der Industrie und im Wachstum des Handels.

Im Jahre 1850 prophezeite ein gemäßigtes Organ der britischen Bourgeoisie, das zu den bestunterrichteten gehört: Wenn Englands Ausfuhr und Einfuhr um 50 Prozent steige, so werde der englische Pauperismus auf den Nullpunkt sinken.

Nun wohl! Am 7. April 1864 entzückte der Schatzkanzler Gladstone seine parlamentarische Zuhörerschaft durch den Nachweis, dass die Gesamtein- und -ausfuhr Großbritanniens 1863 auf 443.955.000 Pfund Sterling angewachsen sei: »Eine erstaunliche Summe, die ungefähr das Dreifache des Gesamthandels in der verhältnismäßig nicht weit zurückliegenden Epoche von 1843 beträgt«. Dennoch verbreitete er sich sehr über »Armut«. »Denkt an jene«, rief er aus, »die hart an der Grenze des Pauperismus stehen« ... »an die nicht gestiegenen Arbeitslöhne« ... »an das menschliche Leben, ... das in neun Fällen von zehn ein bloßer Kampf um die Existenz ist«. Er sprach nicht von der Bevölkerung Irlands, die nach und nach im Norden durch Maschinen, im Süden durch Schafweiden ersetzt wird, obzwar in diesem unglücklichen Land sogar die Schafe abnehmen, wenn auch nicht so schnell wie die Menschen. Er wiederholte nicht, was die höchsten Vertreter der oberen Zehntausend eben in einem plötzlichen Anfall von Schrecken verraten hatten.

Als die Panik wegen der Garrottierungen[1] eine Art Höhepunkt erreicht hatte, ernannte nämlich das Haus der Lords eine Untersuchungskommission über Deportation und Strafarbeit. In dem dicken Blaubuch von 1863 kam dann die Wahrheit ans Licht, und mit offiziellen Zahlen und Tatsachen wurde bewiesen, dass

1 Garrottieren, eigentlich erdrosseln. In England, namentlich in London, hatten sich anfangs der sechziger Jahre die Fälle von Straßenraub gehäuft, die dadurch begangen wurden, dass das Opfer von hinten überfallen und ihm, um es wehrlos und besinnungslos zu machen, durch einen Griff die Gurgel zugedrückt wurde. K. K.

die ärgsten Verbrecher, die Sträflinge Englands und Schottlands viel weniger schuften und viel besser genährt wurden, als die Landarbeiter Englands und Schottlands. Aber dies war noch nicht alles. Als der Bürgerkrieg in Amerika die Fabrikarbeiter von Lancashire und Cheshire aufs Pflaster warf, schickte dasselbe Haus der Lords einen Arzt in die Industriebezirke mit dem Auftrage, zu untersuchen, welches kleinste Quantum an Kohlen- und Stickstoff in der wohlfeilsten und einfachsten Form durchschnittlich dargereicht werden müsse, um »*Hungerkrankheiten abzuwehren*«. Dr. Smith, der ärztliche Bevollmächtigte, stellte fest, dass 28.000 gran[2] Kohlenstoff und 1.330 gran Stickstoff pro Woche gerade ausreichend wären, um einen erwachsenen Durchschnittsmenschen ... eben noch über dem Niveau der Hungerkrankheiten zu halten und er fand weiter heraus, dass die spärliche Nahrung, zu der die Baumwollarbeiter durch den Druck der äußersten Not herabgebracht waren, ungefähr so ziemlich dieser Dosis entsprach.[3] Nun aber merkt auf!

---

2 1 Gran = 64,8 Milligramm.

3 Wir brauchen dem Leser wohl kaum vor Augen zu führen, dass, abgesehen von den Elementen des Wassers und bestimmten anorganischen Substanzen, Kohlenstoff und Stickstoff die Grundstoffe für die menschliche Nahrung bilden. Um den menschlichen Organismus zu ernähren, müssen jedoch diese einfachen chemischen Bestandteile in der Form von vegetabilischen oder animalischen Stoffen dargereicht werden. Kartoffeln z. B. enthalten überwiegend Kohlenstoff, während Weizenbrot kohlenstoff- und stickstoffhaltige Substanzen im richtigen Verhältnis enthält. M.

Derselbe gelehrte Doktor wurde später noch einmal durch den Medizinalbeamten des Geheimen Rats (Privy Council) beauftragt, die Ernährungsverhältnisse des ärmeren Teils der Arbeiterklasse zu untersuchen. Die Ergebnisse seiner Untersuchungen sind in dem **Sechsten Bericht über den Zustand der öffentlichen Gesundheit** niedergelegt, der auf Geheiß des Parlaments im Laufe dieses Jahres veröffentlicht wurde. Was entdeckte der Doktor? Dass die Seidenweber, die Näherinnen, die Handschuhmacher, die Strumpfwirker und andere Arbeiter im Durchschnitt nicht einmal jene Notration der Baumwollarbeiter, nicht einmal das Mindestmaß an Kohlen-und Stickstoff erhalten, *»das gerade noch ausreicht, um Hungerkrankheiten abzuwehren«*. »Außerdem«, wir zitieren aus dem offiziellen Bericht, »zeigt es sich, dass von den untersuchten Familien der landwirtschaftlichen Bevölkerung über ein Fünftel weniger als das veranschlagte Minimum an kohlenstoffhaltiger Nahrung, und über ein Drittel weniger als das veranschlagte Minimum an stickstoffhaltiger Nahrung erhalten und dass in drei Grafschaften (Berkshire, Oxfordshire und Somersetshire) die durchschnittliche Kost ganzer Ortschaften nicht genug Stickstoffgehalt aufwies.« »Man muss sich vor Augen halten,« fügt der offizielle Bericht hinzu, »dass Mangel an Nahrung nur mit heftigem Widerstreben ertragen wird und dass man sich in der Regel erst dann zur Hungerkost entschließt, wenn schon große Entbehrungen anderer Art vorausgegangen sind... Selbst die Reinlichkeit wird dann als kostspielig und mühselig empfunden, und wo man noch aus Selbstachtung versucht, sie aufrechtzuerhalten, dort vermehrt jeder solche Versuch noch die Qual des Hungers. Das sind schmerzliche Betrachtungen, besonders wenn man bedenkt, dass die Armut, von der hier die Rede ist, nicht eine verdiente Folge des Müßiggangs ist, sondern in allen Fällen die Armut arbeitender

Schichten. Ja, die Arbeit, die mit unzulänglichen Lebensmittelrationen bezahlt wird, ist in den meisten Fällen tatsächlich noch eine maßlos ausgedehnte.« Der Bericht enthält die sonderbare und unerwartete Tatsache, »dass von den vier Teilen des vereinigten Königreichs« England, Wales, Schottland und Irland die landwirtschaftliche Bevölkerung Englands, des reichsten Landesteils, »die bei weitem am schlechtesten genährte ist«, dass jedoch selbst die Landarbeiter von Berkshire, Oxfordshire und Somersetshire besser daran sind als große Massen geschickter Heimarbeiter im Osten Londons.

Das sind offizielle Daten, veröffentlicht auf Befehl des Parlaments im Jahre 1864, während des tausendjährigen Reichs des Freihandels, zu einer Zeit, wo der Schatzkanzler dem Haus der Gemeinen mitteilt, dass »die Durchschnittslage des britischen Arbeiters sich in einem außerordentlichen Maße verbessert hat, das in der Geschichte aller Zeiten und aller Länder beispiellos dasteht«.

In diese offiziellen Beglückwünschungen klingt misstönend die trockene Bemerkung des offiziellen Gesundheitsberichts: »Die öffentliche Gesundheit eines Landes bedeutet die Gesundheit der Masse seiner Bevölkerung, und die Massen werden kaum gesund sein, ehe sie es nicht bis in ihre untersten Schichten herab zu einem wenn auch noch so bescheidenen Wohlstand gebracht haben.«

Geblendet vom »Fortschritt des Nationalreichtums«, von den statistischen Zahlen, die vor seinen Augen tanzen, ruft der Schatzkanzler im Überschwang des Entzückens: »Von 1842 bis 1852 wuchs das steuerbare Einkommen des Landes um sechs Prozent; in den acht Jahren von 1853 bis 1861 ist es, ausgehend von der Basis von 1853, um zwanzig Prozent gewachsen. Die Tatsache ist so erstaunlich, dass sie fast unglaubwürdig erscheint. ... »Dieser berauschende Zuwachs an Reichtum und Macht«, fügt Herr Gladstone hinzu, »ist ausschließlich auf die besitzenden Klassen beschränkt.«[4]

---

4 Wegen dieses Satzes wurde Marx 1872 im Organ des deutschen Fabrikantenbundes, der »Concordia«, von einem Anonymus auf das Schärfste angegriffen, der behauptete: »Marx hat den Satz formell und materiell hinzugelogen.« Der Satz fand sich in der Tat nicht im stenografischen Protokoll der Rede. Doch Marx konnte nachweisen, dass der Satz in den Berichten der ***Times***, des ***Morning Star*** und des ***Morning Advertiser*** stand. Es wäre doch sinnlos, anzunehmen, dass sich jeder der drei Berichterstatter den gleichen Satz aus den Fingern gesogen haben sollte. Näher liegt die Vermutung, dass Gladstone die unbequeme Stelle aus dem Stenogramm gestrichen hat.

Man sollte meinen, damit sei die Sache erledigt gewesen. Doch 1883 wurde die Anklage von einem Herrn Sedley Taylor in der ***Times*** wieder aufgewärmt, wobei herauskam, dass der Anonymus von 1872 niemand anderes war, als *Lujo Brentano*. Dieser selbst wiederholte seine Beschuldigung 1890 in einer Broschüre **Meine Polemik mit Karl Marx**, die Friedrich Engels mit einer Gegenschrift **In Sachen Brentano contra Marx** (1891) beantwortete.

Brentano zog seine beschimpfende Anklage keineswegs zurück, doch behauptete er jetzt nicht mehr, Marx habe den Satz hinzugelogen, sondern er habe ihn gefälscht, ihm einen Sinn unterschoben, den Gladstone unmöglich gemeint haben könne. Diese Behauptung stützt sich darauf, dass Gladstone in der gleichen Rede erklärt, die Lage der Arbeiter habe sich in einem beispiellosen Maße verbessert.

Wollt Ihr wissen, unter welchen Bedingungen von zerrütteter Gesundheit, befleckter Moral und geistigem Ruin dieser »berauschende Zuwachs an Reichtum

---

Marx suchte jedoch diesen anderen Satz keineswegs zu unterschlagen. Der Leser hat ihn in der **Inauguraladresse** eben zitiert gelesen, wenige Zeilen vor der Stelle, die Marx angeblich »hinzugelogen«. Der ganze Streitpunkt reduziert sich also auf die Frage: Wie kann man die beiden Sätze miteinander vereinbaren? Ich glaube, den Schlüssel liefert die Fortsetzung der Rede Gladstones. Nach dem Bericht im ***Morning Star*** sagte Gladstone:

»Die Vermehrung des Reichtums ist ausschließlich auf die besitzenden Klassen beschränkt. Aber diese Vermehrung muss indirekt der Arbeiterbevölkerung von Vorteil sein, weil sie die Waren billiger macht, die in den allgemeinen Konsum eingehen.«

Auch auf diesen Satz hat Marx hingewiesen, noch ehe Brentano sprach; allerdings nicht in der **Inauguraladresse**, aber im **Kapital** (Volksausgabe, S. 588), wo er Gladstones Äußerung nochmals erwähnte und wogegen sich der auch die spätere Polemik Brentanos ebenfalls richtete. Dieser zweite Satz findet sich auch im stenografischen Bericht in der Form:

»Indirekt in der Tat ist die bloße Vermehrung des Kapitals von dem äußersten Vorteil für die Arbeiterklasse« usw.

Der zweite Satz setzt den ersten geradezu voraus und bezeugt, dass dieser gesprochen wurde. Aber wie immer man darüber denken mag, die Anklage, dass Marx den Satz »hinzugelogen« habe, ist aufs Leichtfertigste aus der Luft gegriffen. Wenn ein Mann wie Brentano sich dazu hinreißen ließ, derartig, noch dazu anonym, in einem Fabrikantenblatt gegen den vornehmsten Verfechter der Interessen der Arbeiterklasse aufzutreten, dann darf sich die »voraussetzungslose Wissenschaft« nicht wundern, wenn die Proletarier so vielen ihrer Vetreter mit einigem Misstrauen entgegenkommen. K. K.

und Macht ausschließlich für die besitzenden Klassen« von den arbeitenden Klassen produziert wurde und wird, so betrachtet das Bild, das der letzte »Bericht über die öffentliche Gesundheit« von den Arbeitsstätten der Schneider, Drucker und Konfektionsarbeiterinnen entwirft. Vergleicht den »Bericht der Kommission über die Kinderarbeit« von 1863, der z. B. folgendes konstatiert: »Der Beruf der Töpfer, sowohl Männer als Frauen, stellt physisch und psychisch eine sehr heruntergekommene Bevölkerung dar«, »die ungesunden Kinder werden ihrerseits wieder ungesunde Eltern sein«, eine fortschreitende Verschlechterung der Rasse ist unvermeidlich, und »fände nicht eine beständige Rekrutierung aus den angrenzenden Landbezirken und Heiraten mit Mitgliedern gesünderer Volksschichten statt, so wäre die Entartung der Bevölkerung von Staffordshire eine noch bei weitem größere«.

Blickt auf das Blaubuch von Herrn Tremenheere über »die Beschwerden der Bäckergesellen«!

Und wer schaudert nicht bei dem scheinbar widerspruchsvollen Bericht der Gewerbeinspektoren, der durch die Zivilstandslisten noch schärfer beleuchtet wird, dass der Gesundheitszustand der Arbeiter von Lancashire zur Zeit, wo sie mit den Nahrungsmitteln auf die äußerste Hungerration gesetzt waren, sich tatsächlich verbesserte, weil sie durch die Baumwollnot aus den Baumwollfabriken ausgeschlossen wurden, und dass die Sterblichkeit der Kinder abnahm, weil die Mütter ihnen endlich statt der Godfreyschen Opiummixtur die Brust geben konnten.

Und nun die Kehrseite der Medaille! Die Einkommens- und Besitzsteuerlisten, die am 20. Juli 1864 dem Haus der Gemeinen vorgelegt wurden, belehren uns, dass sich die Personen mit jährlichen Einkommen von 50.000 Pfund und mehr in der Zeit vom 5. April 1862 bis zum 5. April 1863 um 13 vermehrt haben, so dass ihre Zahl in dem einen Jahr von 67 auf 80 stieg.

Dieselben Listen enthüllen die Tatsache, dass etwa 3.000 Personen sich in ein jährliches Einkommen von etwa 25 Millionen Pfund Sterling teilen, also beinahe mehr als das ganze Einkommen beträgt, das der Gesamtheit der Landarbeiter von England und Wales zugemessen wird. Schlagt die Statistik von 1861 auf und Ihr werdet finden, dass die Zahl der männlichen Grundbesitzer in England und Wales von 16.934 in 1851 auf 15.066 in 1861 herabgesunken war, so dass die Konzentration des Grundbesitzes in zehn Jahren um 11 Prozent wuchs. Schreitet die Konzentration von Grund und Boden in wenigen Händen in dem gleichen Tempo fort, so wird sich die Landfrage merkwürdig vereinfachen wie zu Zeiten des römischen Kaiserreichs, als Nero mit Hohnlächeln entdeckte, dass die Hälfte der Provinz Afrika Eigentum von sechs Herren war.

Wir haben so lange bei diesen Tatsachen verweilt, »die so erstaunlich sind, dass sie fast unglaublich erscheinen,« weil England an der Spitze des kommerziellen und des industriellen Europas steht. Man wird sich erinnern, dass vor einigen Monaten einer der verbannten Söhne Louis Philipps den englischen Landarbeiter öffentlich dazu beglückwünschte, dass seine Lage eine weit bessere sei als die seines weniger begünstigten Kameraden jenseits des Kanals. Und in der Tat, mit etwas veränderten Lokalfarben und in verkleinertem Maßstab wiederholen sich die englischen Tatsachen in allen industriellen und fortgeschrittenen Ländern des Kontinents. In ihnen allen fand seit 1848 eine unerhörte Entwicklung der Industrie und eine ungeahnte Steigerung der Aus- und Einfuhr statt. In ihnen allen war »die ausschließlich auf die besitzenden Klassen beschränkte Zunahme an Reichtum und Macht wahrhaft berauschend«. In ihnen allen finden wir wie in England bei einer Minderheit der Arbeiterklasse ein Steigen des Reallohns, das heißt der Menge der um den Geldlohn zu beschaffenden Lebensmittel, um ein geringes; in den meisten Fällen aber bedeutete das Steigen des Geldlohns ebensowenig einen wirklichen Zuwachs an Wohlstand, als es z. B. für den Insassen des Armenhauses oder Waisenasyls Londons etwas ausmachte, dass die Ausgaben für seine primitivsten Lebensbedürfnisse in 1861 9 Pfund 15 Schilling und 8 Pence gegen 7 Pfund 7 Schilling 4 Pence in 1852 betrugen.

Überall sinkt die große Masse der Arbeiterklasse tiefer ins Elend herab, zum mindesten im Verhältnis zum Aufsteigen der oberen Klassen auf der sozialen Stufenleiter. Und so ist es jetzt in allen Ländern eine Wahrheit geworden, erwiesen für jeden vorurteilslosen Geist und geleugnet nur von denen, die ein Interesse daran haben, andere durch falsche Erwartungen irrezuführen, dass keine Vervollkommnung der Maschinerie, keine Anwendung der Wissenschaft auf die Produktion, keine Verbesserung der Verkehrsmittel, keine neuen Kolonien, keine Auswanderung, keine Eröffnung neuer Märkte, kein Freihandel, noch alle diese Dinge zusammengenommen das Elend der arbeitenden Massen beseitigen werden; sondern dass auf der jetzigen falschen Basis im Gegenteil jede neue

Entwicklung der Produktivkräfte der Arbeit dahin führen muss, die sozialen Unterschiede zu vertiefen und die sozialen Gegensätze zuzuspitzen. Während dieser berauschenden Epoche ökonomischen Fortschritts erhob sich der Hungertod fast zum Rang einer sozialen Einrichtung in der Hauptstadt des britischen Reichs. In den Annalen der Weltgeschichte ist diese Epoche gekennzeichnet durch die raschere Wiederkehr, den erweiterten Umfang und die tödlichere Wirkung der sozialen Pest, genannt kommerzielle und industrielle Krise.

Nach dem Fehlschlagen der Revolutionen von 1848 wurden auf dem Kontinent alle Organisationen und Zeitungen der Arbeiterparteien durch die eiserne Hand der Gewalt unterdrückt; die vorgeschrittensten Söhne der Arbeit flohen verzweifelt in die transatlantische Republik, und die kurzlebigen Befreiungsträume schwanden dahin in einer Epoche industriellen Fiebers, moralischer Versumpfung und politischer Reaktion. Die Niederlage der Arbeiterklassen des Kontinents, zum Teil verschuldet durch die Diplomatie der englischen Regierung, die damals wie heute in brüderlicher Solidarität mit dem St. Petersburger Kabinett handelte, verbreitete ihre ansteckende Wirkung bald auf diese Seite des Kanals. Während die Niederlage ihrer Brüder auf dem Kontinent die englische Arbeiterklasse entmutigte und den Glauben an ihre eigene Sache brach, stellte sie das etwas erschütterte Selbstvertrauen der Landlords und Geldlords wieder her. In frechem Übermut widerriefen sie Konzessionen, die schon öffentlich angekündigt waren. Die Entdeckung neuer Goldländereien führte zu einer ungeheuren Abwanderung, die eine unausfüllbare Lücke in den Reihen des britischen Proletariats hinterließ. Andere seiner früher tatkräftigsten Mitglieder ließen sich durch den Köder zeitweilig stärkerer Beschäftigung und höheren Lohnes bestechen und »trugen den bestehenden Verhältnissen Rechnung«. Alle Versuche, die Chartistenbewegung aufrechtzuerhalten oder neu zu gestalten, scheiterten vollständig, die Pressorgane der Arbeiterklasse gingen eines nach dem andern an der Teilnahmslosigkeit der Massen zugrunde, und die englische Arbeiterklasse schien in der Tat mit einem Zustand politischer Nichtigkeit so völlig ausgesöhnt zu sein, wie nie zuvor. Hatte bis dahin zwischen den Arbeitern Großbritanniens und denen des europäischen Festlandes keine Gemeinsamkeit der Aktion bestanden, so bestand nun jedenfalls zwischen ihnen eine Gemeinsamkeit der Niederlage.

Und doch ist die Periode seit der Revolution von 1848 nicht ohne ihre Lichtseiten. Wir wollen hier nur auf zwei große Ereignisse hinweisen. Nach einem dreißigjährigen, mit bewunderungswürdiger Ausdauer geführten Kampf war es der englischen Arbeiterklasse unter Ausnutzung eines augenblicklichen Zwiespalts zwischen Landlords und Geldlords gelungen, das Zehnstundengesetz durchzusetzen.[5] Die großen physischen, moralischen und geistigen Vorteile, die den Fabrikarbeitern aus dieser Maßregel erwuchsen und die man in den Berichten der Fabrikinspektoren halbjährlich verzeichnet findet, werden jetzt von allen Seiten anerkannt. Die meisten kontinentalen Regierungen mussten das englische Fabrikgesetz in mehr oder weniger veränderter Form annehmen und das englische Parlament selbst ist gezwungen, seinen Wirkungskreis alljährlich auszudehnen. Aber abgesehen von ihrer praktischen Wichtigkeit hatte der erstaunliche Erfolg

5 Im Fabrikakt vom 8. Juni 1847. K. K.

dieser Arbeitermaßregel noch eine andere höhere Bedeutung. Die Bourgeoisie hatte durch Dr. Ure, Professor Senior und andere Weise dieses Schlags in ihren bekanntesten wissenschaftlichen Organen geweissagt und zu ihrer vollsten Befriedigung bewiesen, dass jede gesetzliche Beschränkung der Arbeitszeit der englischen Industrie die Totenglocke läuten müsse, die, vampyrgleich, nur leben könne, wenn sie Menschenblut sauge und vor allem Kinderblut. In alten Zeiten war der Kindermord ein geheimnisvoller Ritus der Religion des Molochs, doch wurde er nur bei ganz feierlichen Anlässen praktiziert, vielleicht einmal im Jahr, und außerdem hatte Moloch keine ausgesprochene Vorliebe für die Kinder der Armen.

Dieser Kampf um die gesetzliche Arbeitszeit wütete um so heftiger, je mehr er, abgesehen von der aufgeschreckten Habgier, tatsächlich sich um den großen Gegensatz dreht zwischen der blinden Herrschaft der Gesetze von Nachfrage und Angebot, die die politische Ökonomie der Bourgeoisie bilden, und zwischen der durch soziale Voraussicht und Einsicht beherrschten sozialen Produktion, die die politische Ökonomie der Arbeiterklasse bildet. Und darum war das Zehnstundengesetz nicht nur ein großer praktischer Erfolg; es war der Sieg eines Prinzips. Zum ersten Mal unterlag im hellen Licht des Tages die politische Ökonomie der Bourgeoisie der politischen Ökonomie der Arbeiterklasse.

Doch ein noch größerer Sieg der politischen Ökonomie der Arbeit über die politische Ökonomie des Kapitals stand bevor. Wir sprechen von der Genossenschaftsbewegung, namentlich von den genossenschaftlichen Fabriken, die einige kühne »Hände«[6] ohne jede Beihilfe errichteten. Der Wert dieser großen sozialen Experimente kann nicht hoch genug geschätzt werden. Durch die Tat statt durch Argumente haben die Arbeiter bewiesen, dass Produktion in großem Maßstab und im Einklang mit dem Fortschritt moderner Wissenschaft vor sich gehen kann ohne die Existenz einer Herrenklasse, die eine Klasse von »Händen« anwendet; dass, um Früchte zu tragen, die Mittel der Arbeit nicht monopolisiert zu werden brauchen als Mittel der Herrschaft über den Arbeiter und als Mittel der Ausbeutung gegen den Arbeiter selbst; dass, wie die Sklavenarbeit, wie die Leibeigenschaft, so auch die Lohnarbeit nur eine vorübergehende und untergeordnete gesellschaftliche Form ist, die bestimmt ist, zu verschwinden vor der assoziierten Arbeit, die ihr Werk mit williger Hand, rüstigem Geist und fröhlichem Herzen verrichtet. In England wurde der Samen des Genossenschaftswesens durch Robert Owen ausgestreut; die auf dem Kontinent versuchten Arbeiter-Experimente waren in der Tat das praktische Endergebnis der Theorien, die 1848 zwar nicht erfunden, wohl aber laut verkündet wurden.

Gleichzeitig bewies die Erfahrung der Periode von 1848 bis 1864 unzweifelhaft (was die intelligentesten Führer der Arbeiterklasse in den Jahren 1851 und 1852 gegenüber der Genossenschaftsbewegung in England geltend machten),[7] dass, wie

---

6 Eichhoff bemerkt hier in seiner Übersetzung: »In England ist es Sprachgebrauch, die Arbeiter als ›Hände‹ (hands) zu bezeichnen, während Schafe und Ochsen nach Köpfen (heads) gezählt werden.«

7 Der in Klammern stehende Satz findet sich nicht im englischen Original der Adresse, sondern nur in der deutschen Übersetzung des ***Vorboten***. K. K.

ausgezeichnet im Prinzip und wie nützlich in der Praxis die genossenschaftliche Arbeit ist, sie doch, wenn sie sich auf den engen Kreis gelegentlicher Versuche vereinzelter Arbeiter beschränkt, nie die Kraft erlangen wird, das in *geometrischer Progression* vor sich gehende Wachstum des Monopols aufzuhalten, die Massen zu befreien, ja die Wucht ihres Elends auch nur merklich zu erleichtern. Vielleicht ist gerade dies der Grund, warum artige Aristokraten, philanthropische Schönredner der Bourgeoisie und sogar geschäftskluge politische Ökonomen plötzlich demselben Genossenschaftssystem widerlich schöntun, das sie vergeblich im Keime zu ersticken versucht hatten, indem sie es als die Utopie des Träumers verhöhnten oder als Ketzerei des Sozialisten verdammten. Um die arbeitenden Massen zu befreien, bedarf das Genossenschaftssystem der Entwicklung auf nationaler Stufenleiter und folglich der Förderung durch nationale Mittel. Aber die Herren vom Grund und Boden und die Herren vom Kapital werden ihre politischen Privilegien stets zur Verteidigung und zur Verewigung ihrer Monopole gebrauchen. Und statt die Emanzipation der Arbeit zu fördern, werden sie fortfahren, ihr jedes mögliche Hindernis in den Weg zu legen. Es war ihnen aus der Seele gesprochen, als Lord Palmerston den Verteidigern der Rechte der irischen Pächter in der letzten Tagung des Parlaments höhnend zurief: Das Haus der Gemeinen ist ein Haus von Grundeigentümern.

Die politische Macht zu erobern, ist daher jetzt die große Pflicht der Arbeiterklasse. Sie scheint dies begriffen zu haben, denn in England, Frankreich, Deutschland und Italien zeigt sich ein gleichzeitiges Wiederaufleben und finden gleichzeitige Versuche zur politischen Reorganisation der Arbeiterpartei statt.

Ein Element des Erfolges besitzen die Arbeiter: ihre große Zahl. Aber die Masse fällt nur in die Waagschale, wenn eine Organisation sie zusammenfasst und Wissen sie leitet. Frühere Erfahrungen haben gezeigt, wie Missachtung des Bandes der Brüderlichkeit, das die Arbeiter der verschiedenen Länder verbinden und sie anfeuern sollte, in allen ihren Befreiungskämpfen fest beieinander zu stehen, stets bestraft wird durch die allgemeine Vereitlung ihrer zusammenhangslosen Versuche. Getrieben von dieser Erkenntnis, haben Arbeiter verschiedener Länder in öffentlicher Versammlung am 28. September 1864 in der St. Martins Hall die Internationale Assoziation begründet.

Noch eine andere Überzeugung beseelte die Versammlung. Wenn die Befreiung der Arbeiterklasse der verschiedenen Nationen ihr brüderliches Zusammenwirken erheischt, wie soll dieses große Ziel erreicht werden mit einer auswärtigen Politik, die frevelhafte Zwecke verfolgt, nationale Vorurteile ausspielt und in Raubkriegen des Volkes Gut und Blut vergeudet? Nicht die Weisheit der herrschenden Klassen, sondern der heroische Widerstand der englischen Arbeiterklasse bewahrte den Westen Europas vor einem infamen Kriegszug für die Verewigung und Ausbreitung der Sklaverei jenseits des atlantischen Ozeans. Der schamlose Beifall, die Scheinsympathie oder die idiotische Gleichgültigkeit, mit der die höheren Klassen Europas die Eroberung der kaukasischen Bergfeste und den Meuchelmord am heroischen Polen durch Russland mitansahen; die ungeheuerlichen und widerstandslos ertragenen Übergriffe dieser barbarischen Macht, deren Haupt in St. Petersburg ist, und deren Hände in jedem Kabinett Europas sind, haben die Arbeiterklasse die Pflicht gelehrt, sich der Geheimnisse der internationalen Politik zu bemächtigen; die diplomatischen Aktionen ihrer Regierungen zu überwachen, ihnen, wenn nötig, mit allen ihnen zu Gebote stehenden Mitteln entgegenzuwirken, sich, wenn sie außerstande sind, ihnen zuvorzukommen, zu gleichzeitigen Anklagen gegen sie vereinigen und die einfachen Gesetze der Moral und des Rechts, die die Beziehungen von Privatpersonen regeln sollten, als die obersten Gesetze des Verkehrs der Nationen untereinander geltend zu machen. Der Kampf für solch eine auswärtige Politik ist eingeschlossen in dem allgemeinen Kampf für die Befreiung der Arbeiterklasse.

Proletarier aller Länder, vereinigt Euch!

Allgemeine Statuten und Verwaltungsverordnungen der Internationalen Arbeiter-Assoziation.

In Erwägung,

dass die Emanzipation der Arbeiterklasse durch die Arbeiterklasse selbst erobert werden muss;

dass der Kampf für die Emanzipation der Arbeiterklasse kein Kampf für Klassenvorrechte und Monopole ist, sondern für gleiche Rechte und Pflichten und für die Vernichtung aller Klassenherrschaft;

dass die ökonomische Unterwerfung des Arbeiters unter den Aneigner der Arbeitsmittel, d. h. der Lebensquellen, der Knechtschaft in allen ihren Formen zugrunde liegt – dem gesellschaftlichen Elend, der geistigen Verkümmerung und der politischen Abhängigkeit;

dass die ökonomische Emanzipation der Arbeiterklasse daher der große Endzweck ist, dem jede politische Bewegung, als Mittel, unterzuordnen ist;

dass alle auf dieses Ziel gerichteten Versuche bisher gescheitert sind aus Mangel an Einigung unter den mannigfachen Arbeitszweigen jedes Landes, und an der Abwesenheit eines brüderlichen Bundes unter den Arbeiterklassen der verschiedenen Länder;

dass die Emanzipation der Arbeiterklasse weder eine lokale, noch eine nationale, sondern eine soziale Aufgabe ist, welche alle Länder umfasst, in denen die moderne Gesellschaft besteht, und deren Lösung vom praktischen und theoretischen Zusammenwirken der fortgeschrittensten Länder abhängt;

dass die gegenwärtig sich erneuernde Bewegung der Arbeiterklasse in den industriellsten Ländern Europas, während sie neue Hoffnungen wachruft, zugleich feierliche Warnung erteilt gegen einen Rückfall in die alten Irrtümer, und zur sofortigen Zusammenfassung der noch zusammenhangslosen Bewegungen drängt;

aus diesen Gründen ist die Internationale Arbeiter-Assoziation gestiftet worden.

Sie erklärt:

Dass alle Gesellschaften und Individuen, die sich ihr anschließen, Wahrheit, Gerechtigkeit und Sittlichkeit anerkennen, als die Regel ihres Verhaltens zueinander und zu allen Menschen, ohne Rücksicht auf Farbe, Glaube oder Nationalität; (Sie betrachtet es als Pflicht eines jeden, die Menschen- und Bürgerrechte nicht bloß für sich zu verlangen, sondern für jedermann, der seine Pflicht tut.)[8] Keine Pflichten ohne Rechte, keine Rechte ohne Pflichten.

Und in diesem Geist sind die nachfolgenden Statuten verfasst.

Art. 1.
Die gegenwärtige Assoziation ist gegründet zur Herstellung eines Mittelpunktes der Verbindung und des planmäßigen Zusammenwirkens zwischen den in verschiedenen Ländern bestehenden Arbeitergesellschaften, welche dasselbe Ziel verfolgen, nämlich: den Schutz, den Fortschritt und die vollständige Emanzipation der Arbeiterklasse.

Art. 2.
Der Name der Gesellschaft ist: Internationale Arbeiter-Assoziation.

---

8 Der eingeklammerte Passus war in den provisorischen Statuten enthalten ebenso wie in der Fassung, die der Kongress von 1866 annahm. Später wurde er weggelassen. Es ist das Hauptstück des Pflichtenpassus, zu dessen Aufnahme Marx sich nur ungern verstanden hatte. K. K.

Art. 3.
Es versammelt sich jährlich ein allgemeiner Arbeiterkongress, bestehend aus Abgeordneten der Zweige der Assoziation. Der Kongress verkündet die gemeinsamen Bestrebungen der Arbeiterklasse, ergreift die für das erfolgreiche Wirken der Internationalen Assoziation notwendigen Maßregeln und ernennt den Generalrat der Gesellschaft.

Art. 4.
Jeder Kongress bestimmt Zeit und Ort für die Zusammenkunft des nächsten Kongresses. Die Abgeordneten versammeln sich zur bestimmten Zeit und Stelle, ohne dass dazu eine besondere Einladung erheischt wäre. Der Generalrat kann im Notfall den Ort der Zusammenkunft verlegen, aber nicht ihren Zeitpunkt aufschieben. Der Kongress bestimmt jährlich den Sitz des Generalrates und ernennt dessen Mitglieder. Der so ernannte Generalrat ist ermächtigt, sich neue Mitglieder beizufügen.

Auf seinen jährlichen Zusammenkünften erhält der Kongress einen öffentlichen Bericht über die Jahresarbeit des Generalrats. Letzterer kann in dringenden Fällen den Kongress vor dem regelmäßigen jährlichen Termin berufen.

Art. 5.
Der Generalrat wird gebildet aus Arbeitern der verschiedenen, in der Internationalen Assoziation vertretenen Länder. Er besetzt aus seiner Mitte die zur Geschäftsführung nötigen Stellen, wie die des Schatzmeisters, Generalsekretärs, der korrespondierenden Sekretäre für die verschiedenen Länder usw.

Art. 6.

Der Generalrat wirkt als internationale Agentur zwischen den verschiedenen nationalen und lokalen Gruppen der Assoziation, so dass die Arbeiter eines Landes fortwährend unterrichtet bleiben über die Bewegungen ihrer Klasse in allen anderen Ländern; dass eine Untersuchung über den sozialen Zustand der verschiedenen Länder Europas gleichzeitig und unter gemeinsamer Leitung stattfindet, dass Fragen von allgemeinem Interesse, angeregt von einer Gesellschaft, von allen andern aufgenommen werden, und dass, im Fall der Notwendigkeit sofortiger praktischer Schritte – wie z. B. bei internationalen Zwisten – die verbündeten Gesellschaften sich gleichzeitig und gleichförmig betätigen können.

Bei jeder passenden Gelegenheit ergreift der Generalrat die Initiative der den verschiedenen nationalen oder lokalen Gesellschaften zu unterbreitenden Vorlagen.

Zur Erleichterung seines Verkehrs mit den Zweiggesellschaften veröffentlicht der Generalrat periodische Berichte.

Art. 7.

Da einerseits der Erfolg der Arbeiterbewegung in jedem Lande nur gesichert werden kann durch die Macht der Einigung und Kombination, während andrerseits die Wirksamkeit des internationalen Generalrats wesentlich dadurch bedingt ist, dass er mit wenigen nationalen Zentren der Arbeitergesellschaften verhandelt, statt mit einer großen Anzahl kleiner und zusammenhangsloser lokaler Gesellschaften, — so sollen die Mitglieder der Internationalen Assoziation alle ihre Kräfte aufbieten zur Vereinigung der zerstreuten Arbeitergesellschaften ihrer betreffenden Länder in nationale Körper, repräsentiert durch nationale Zentralorgane.

Es versteht sich von selbst, dass die Anwendung dieses Artikels von den Sondergesetzen jedes Landes abhängt, und dass, abgesehen von gesetzlichen Hindernissen, keine unabhängige lokale Gesellschaft von direkter Korrespondenz mit dem Generalrat ausgeschlossen ist.

Art. 8.

Jede Sektion hat das Recht, ihren eigenen, mit dem Generalrat korrespondierenden Sekretär zu ernennen.

Art. 9.

Jeder, der die Prinzipien der Internationalen Arbeiter-Assoziation anerkennt und verteidigt, ist wählbar als Mitglied derselben. Jede Zweiggesellschaft ist verantwortlich für die Unbescholtenheit der Mitglieder, die sie aufnimmt.

Art. 10.

Bei Veränderung des Wohnsitzes von einem Land zum andern erhält jedes Mitglied der Internationalen Assoziation die brüderliche Unterstützung der mitverbündeten Arbeiter.

Art. 11.

Obgleich vereinigt zu einem ewigen Bund brüderlichen Zusammenwirkens, behalten Arbeitergesellschaften, welche sich der Internationalen Arbeiter-Assoziation anschließen, ihre bestehende Organisation unversehrt.

Art. 12.
Die gegenwärtigen Statuten können durch jeden Kongress abgeändert werden, sobald zwei Drittel der anwesenden Delegierten sich dafür erklären.

Art. 13.
Alles, was nicht in den vorstehenden Statuten vorgesehen ist, wird durch besondere Verordnungen ergänzt, welche der Revision jedes Kongresses unterliegen.

Verwaltungsverordnungen,

revidiert im Einklang mit den Beschlüssen der Kongresse (1866—69) und der Londoner Konferenz 1871.

I. Der allgemeine Kongress.

1. Jedes Mitglied der Internationalen Arbeiter-Assoziation ist stimmfähig und wählbar bei den Delegiertenwahlen zum allgemeinen Kongress.

2. Jede Zweiggesellschaft, welches immer die Zahl ihrer Mitglieder, kann einen Delegierten zum Kongress senden.

3. Jeder Delegierte hat nur eine Stimme auf dem Kongress.

4. Die Unkosten der Delegierten werden bestritten von den sie ernennenden Zweiggesellschaften oder Gruppen.

5. Ist eine Zweiggesellschaft außerstande, einen Delegierten zu senden, so kann sie sich wegen Ernennung eines gemeinsamen Delegierten mit andern benachbarten Zweigen einigen.

6. Jede Zweiggesellschaft oder Gruppe von mehr als 500 Mitgliedern kann für jede 500 zuschüssige Mitglieder weitere Delegierten ernennen.

7. Sitz und Stimmrecht auf dem Kongress wird in Zukunft nur den Delegierten solcher Gesellschaften, Zweige oder Gruppen gestattet, welche Bestandteile der Internationalen bilden und ihre Beiträge dem Generalrat entrichtet haben. Für solche Länder jedoch, wo die regelmäßige Organisation der Internationalen gesetzlich verhindert ist, werden Delegierte von Gewerksgenossenschaften und Arbeiterkooperativgesellschaften zugelassen zu den Kongressdebatten über Prinzipienfragen, aber nicht zur Debatte und Abstimmung über Verwaltungsangelegenheiten.

8. Die Sitzungen des Kongresses sind zweifach: geschlossene Verwaltungssitzungen und öffentliche Sitzungen, denen die Debatte und Abstimmung über die allgemeinen Fragen des Kongressprogramms vorbehalten ist.

9. Das Kongressprogramm besteht aus den Fragen, die der vorhergehende Kongress auf die Tagesordnung setzte, den Fragen, die der Generalrat zufügt und den Fragen, die ihm von den verschiedenen Sektionen, Gruppen oder deren Komitees zur Annahme unterbreitet worden sind. Es wird vom Generalrat redigiert.

Jede Sektion, Gruppe oder deren Komitee, welche der Debatte des bevorstehenden Kongresses eine nicht vom vorigen Kongress vorgeschlagene Frage unterbreiten will, hat dem Generalrat davon vor dem 31. März Kenntnis zu geben.

10. Der Generalrat ist beauftragt mit der Organisierung der Kongresse und soll den Zweiggesellschaften, vermittelst der Föderalräte oder -komitees, das Kongressprogramm rechtzeitig mitteilen.

11. Der Kongress ernennt für jede ihm vorliegende Frage einen besonderen Ausschuss. Jeder Delegierte bezeichnet den Ausschuss, dem er anzugehören wünscht. Jeder Ausschuss liest die von den verschiedenen Sektionen und Gruppen eingereichten Denkschriften über die Frage, womit er befasst ist. Er verarbeitet sie in einem Gesamtbericht, welcher allein in den öffentlichen Sitzungen verlesen wird. Er entscheidet außerdem, welche der erwähnten Denkschriften dem amtlichen Bericht über die Kongressverhandlungen beizufügen sind.

12. In seinen öffentlichen Sitzungen beschäftigt sich der Kongress zunächst mit den vom Generalrat auf die Tagesordnung gestellten Fragen. Demnächst erfolgt die Debatte über die übrigen Fragen.

13. Bei allen Beschlüssen über Prinzipienfragen findet namentliche Abstimmung statt.

14. Mindestens zwei Monate vor der Zusammenkunft des jährlichen Kongresses haben die Zweiggesellschaften oder deren Föderationen dem Generalrat einen ausführlichen Bericht über ihre Tätigkeit und Entwicklung während des laufenden Jahres zu erstatten. Der Generalrat hat das Material zu einem Gesamtbericht zu verarbeiten, der allein im Kongress verlesen wird.

II. Der Generalrat.

1. Die Bezeichnung Generalrat wird dem Zentralrat der Internationalen Arbeiter-Assoziation vorbehalten. Die Zentralräte der verschiedenen Länder, wo die Internationale regelmäßig organisiert ist, haben sich zu bezeichnen als Föderalräte oder Föderalkomitees mit Beifügung der Namen ihrer betreffenden Länder.

2. Der Generalrat ist gehalten, die Kongressbeschlüsse auszuführen.

3. So oft seine Mittel es erlauben, wird der Generalrat einen Bericht veröffentlichen, der sich über alles erstreckt, was von allgemeinem Interesse für die Internationale Arbeiter-Assoziation ist.

Zu diesem Zweck sammelt er die ihm von den Föderalräten oder -komitees der verschiedenen Länder übersandten und auf anderen Wegen ihm zukommenden Materialien.

Der Bericht wird in verschiedenen Sprachen aufgesetzt und gratis an die Föderalräte oder -komitees versandt, welche jeder ihrer Sektionen ein Exemplar davon übermachen.

Sollte der Generalrat außerstande sein, den erwähnten Bericht zu veröffentlichen, so hat er alle drei Monate eine schriftliche Mitteilung an die verschiedenen Föderalräte oder -komitees zu machen, welche diese ihrerseits in den Zeitungen ihrer betreffenden Länder und namentlich in den Organen der Internationalen veröffentlichen werden.

4. Jede neue Sektion oder Arbeitergesellschaft, welche den Anschluss an die Internationale beabsichtigt, hat den Generalrat sofort davon zu benachrichtigen.

5. Der Generalrat hat das Recht, den Anschluss jeder neuen Sektion oder Gruppe zuzulassen oder zu verweigern, vorbehaltlich der Berufung an den nächsten Kongress.

Wo jedoch Föderalräte oder -komitees bestehen, muss der Generalrat sie zu Rate ziehen vor Zulassung oder Verweigerung des Anschlusses einer neuen Sektion oder Gesellschaft innerhalb ihres Bereichs; unbeschadet jedoch seines Rechts der vorläufigen Entscheidung.

6. Der Generalrat hat ebenfalls das Recht, jede Sektion der Internationalen bis zum nächsten Kongress zu suspendieren.

7. Im Fall von Zwistigkeiten zwischen Gesellschaften oder Sektionen derselben nationalen Gruppe, oder zwischen Gruppen verschiedener Nationalität, hat der

Generalrat das Recht der Entscheidung, vorbehaltlich der Berufung an den nächsten Kongress, der endgültig entscheidet.

8. Alle vom Generalrat zu bestimmten Sendungen ernannten Delegierten haben das Recht, allen Versammlungen der Föderalräte oder -komitees, Distrikts- und Lokalkomitees und Lokalsektionen beizuwohnen und daselbst gehört zu werden, ohne jedoch daselbst Stimmrecht zu haben.

9. Englische, französische und deutsche Ausgaben der allgemeinen Statuten und Anordnungen sind nach der amtlichen Ausgabe des Generalrats zu veranstalten.

Alle Übersetzungen der allgemeinen Statuten und Verordnungen in andere Sprachen müssen vor ihrer Veröffentlichung dem Generalrat zur Genehmigung vorgelegt werden.

III. Beiträge zahlbar an den Generalrat.

1. Ein allgemeiner Beitrag von einem Penny (Groschen) pro Mitglied an den Generalrat wird von allen Sektionen und verbündeten Gesellschaften erhoben. Dieser Beitrag ist bestimmt zur Deckung der Kosten des Generalrats, wie z. B. für die Besoldung des Generalsekretärs, Ausgaben für Korrespondenz, Druckschriften, Vorbereitungen für Kongresse usw.

2. Der Generalrat lässt anheftbare Marken, wovon jede den Wert eines Penny vorstellt, drucken, und den Föderalräten oder -komitees jährlich in der verlangten Anzahl zukommen.

3. Die Föderalräte oder -komitees übermachen den Lokalkomitees, und, in deren Abwesenheit, den lokalen Zweigen eine der Anzahl ihrer Mitglieder entsprechende Anzahl von Marken.

4. Diese Marken sind alsdann auf das Exemplar der Statuten anzuheften, welches jedes Mitglied zu besitzen gehalten ist.

5. Am 1. März jedes Jahres haben die Föderalräte oder -komitees der verschiedenen Länder den Erlös aus den verkauften Marken dem Generalrat zu übermachen und zugleich die unverkauften Marken zurückzusenden.

6. Diese Marken, die den Wert der Einzelbeiträge vorstellen, tragen das Datum des laufenden Jahres.

IV. Föderalräte oder -komitees.

1. Die Ausgaben der Föderalräte oder -komitees werden von ihren betreffenden Sektionen bestritten.

2. Die Föderalräte oder -komitees haben mindestens monatlich einen Bericht an den Generalrat zu senden.

3. Sie haben dem Generalrat alle drei Monate Bericht über die Verwaltung und den Finanzzustand ihrer betreffenden Sektionen zu erstatten.

4. Jede Föderation kann Gesellschaften oder Sektionen zulassen oder aus ihrer Mitte ausschließen. Sie ist jedoch nicht ermächtigt, sie ihres internationalen Charakters zu berauben, kann aber beim Generalrat ihre Suspension beantragen.

V. Lokalgesellschaften, Sektionen und Gruppen.

1. Jede Sektion hat das Recht, sich Sonderstatuten für ihre lokale Verwaltung, je nach den Lokalumständen und Landesgesetzen, zu geben. Die Sonderstatuten dürfen jedoch nichts den allgemeinen Statuten und Verwaltungsverordnungen Widersprechendes enthalten.

2. Alle lokalen Zweige, Sektionen, Gruppen und deren Komitees sollen sich in Zukunft einfach und ausschließlich bezeichnen und konstituieren als Zweige usw. der Internationalen Arbeiter-Assoziation mit Beifügung der Namen ihrer bezüglichen Örtlichkeit.

3. Demgemäß ist es den Zweigen, Gruppen und deren Komitees von nun an untersagt, Sektennamen anzunehmen, z. B. die Namen Positivisten, Mutualisten, Kollektivisten, Kommunisten usw., oder Sonderkörper zu bilden, welche unter Bezeichnungen wie: Propagandasektion usw. sich eine besondere, von den gemeinsamen Zwecken der Assoziation verschiedene Mission zuschreiben.

4. Art. 2 findet jedoch keine Anwendung auf die mit der Internationalen verbündeten Gewerksgenossenschaften.

5. Alle Sektionen, Zweige und mit der Internationalen verbündeten Arbeitergesellschaften sind eingeladen, das Präsidentenamt für ihre bezügliche Sektion oder Gesellschaft abzuschaffen.

6. Die Bildung weiblicher Zweiggesellschaften innerhalb der Arbeiterklasse wird anempfohlen. Dieser Artikel richtet sich selbstredend nicht gegen die Zusammensetzung von Zweiggesellschaften aus Arbeitern und Arbeiterinnen.

7. Wo Angriffe gegen die Internationale veröffentlicht werden, ist die nächste Sektion oder ihr Komitee gehalten, dem Generalrat sofort ein Exemplar solcher Druckschrift zu überschicken.

8. Die Adressen der Geschäftslokale aller internationalen Komitees und des Generalrats sind alle drei Monate in den Organen der Assoziation zu veröffentlichen.

VI. Allgemeine Statistik der Arbeiterklasse.

1. Der Generalrat hat Art. 6 der Statuten, soweit er sich auf eine allgemeine Statistik der Arbeiterklasse bezieht, in Kraft zu setzen, ebenso wie die Beschlüsse des Genfer Kongresses (1866) über denselben Gegenstand.

2. Jede lokale Gruppe ist verpflichtet zur Ernennung eines besonderen statistischen Komitees, damit sie stets, soweit ihre Mittel gestatten, bereit sei, vom Föderalrat ihres Landes oder vom Generalrat gestellte Fragen zu beantworten.

Allen Gruppen wird empfohlen, den Sekretären der statistischen Komitees eine Vergütung zukommen zu lassen, in Anbetracht der allgemeinen Nützlichkeit ihres Werks für die Arbeiterklasse.

3. Am 1. August jedes Jahres sollen die Föderalräte oder -komitees das in ihren betreffenden Ländern gesammelte Material dem Generalrat übersenden. Letzterer wird dasselbe seinerseits zu einem allgemeinen Bericht verarbeiten, der den jährlich im September stattfindenden Kongressen vorzulegen ist.

4. Gewerksgenossenschaften und internationale Zweige, welche die verlangte Auskunft verweigern, sind dem Generalrat zur weiteren Beschlusnahme anzuzeigen.

5. Die in Art. 1 dieser Abteilung erwähnten Beschlüsse des Genfer Kongresses 1866 sind folgende:

»Die statistische Untersuchung der Lage der arbeitenden Klasse aller zivilisierten Länder, unternommen von der Arbeiterklasse selbst, ist an sich schon ein großes internationales Werk. Um erfolgreich zu wirken, muss man das Material kennen, worauf man wirken will. Durch die Initiative eines so großen Werks beweisen die Arbeiter zudem ihre Fähigkeit, ihr eigenes Geschick in ihre Hand zu nehmen.

Der Kongress schlägt daher vor, dass an jedem Ort, wo ein Zweig unserer Gesellschaft besteht, das Werk sofort begonnen und Material über die verschiedenen Punkte des angeführten Untersuchungsplanes gesammelt werde.

Er ladet die Arbeiter Europas und der Vereinigten Staaten Amerikas ein, für die Zusammentragung der Elemente einer Statistik der Arbeiterklasse mitzuwirken und ihre Berichte nebst Beweismaterial dem Generalrat einzusenden. Letzterer hat sie in einen Gesamtbericht zu verarbeiten, dem er das Beweismaterial als Anhang zufügt. Dieser Bericht nebst Anhang ist dem nächsten jährlichen Kongress vorzulegen und nach dessen Genehmigung auf Kosten der Assoziation zu drucken.

Untersuchungsschema, je nach Umständen zu verändern und zu ergänzen:

1. Gewerk, Name.

2. Alter und Geschlecht der Arbeiter.

3. Zahl der beschäftigten Arbeiter.

4. Löhne:
   a) Lehrlinge und Gehilfen;
   b) Tagelohn oder Stücklohn? Von Zwischenunternehmern gezahlte Löhne. Wöchentlicher und jährlicher Durchschnitt.

5. a) Arbeitsstunden in Fabriken.
   b) Arbeitsstunden bei kleinen Meistern und in der Hausarbeit, falls das Gewerbe in diesen verschiedenen Weisen betrieben wird.
   c) Nacht- und Tagesarbeit.

6. Mahlzeitsstunden und Behandlung.

7. Beschaffenheit der Werkstätten und der Arbeit, Überfüllung, mangelhafte Ventilation, Mangel an Tageslicht, Gasbeleuchtung, Reinlichkeit usw.

8. Wirkung der Arbeit auf den Körperzustand.

9. Moralitäts- und Bildungszustand, Erziehung.

10. Charakter des Geschäfts; ob mehr oder weniger gleichförmig für das ganze Jahr oder an gewisse Jahreszeiten gebunden; ob grossen Schwankungen ausgesetzt, ob fremder Konkurrenz unterworfen, ob hauptsächlich für den inneren oder auswärtigen Markt arbeitend.«

11. Besondere Gesetzgebung über das Verhältnis zwischen Arbeiter und Meister.

12. Nahrungs- und Wohnungszustände der Arbeiter.

Vier Resolutionen des Genfer Kongresses der »Internationale« 1866

abgefasst von Karl Marx und vorgeschlagen vom Generalrat.

1. Der Normalarbeitstag.

Die unerlässliche Vorbedingung, ohne die ein jeder Versuch zur Hebung und Befreiung der Arbeiterklasse fehlschlagen muss, ist die Beschränkung des Arbeitstages.

Sie ist erheischt, um die Gesundheit und physische Energie der Arbeiterklasse, das heißt der grossen Masse einer jeden Nation wiederherzustellen und ihr die

Möglichkeit intellektueller Höherentwicklung, gesellschaftlichen Verkehrs, sozialer und politischer Tätigkeit zu gewähren. Wir schlagen die Arbeit von acht Stunden als gesetzliche Schranke des Arbeitstages vor. Diese Forderung wird von den Arbeitern der Vereinigten Staaten Amerikas bereits allgemein erhoben. Der Beschluss des Kongresses wird sie zur allgemeinen Forderung der Arbeiter der gesamten Welt erheben.

Da unsere Genossen vom Kontinent auf dem Gebiete der Fabriksgesetzgebung keine langen Erfahrungen hinter sich haben, machen wir sie darauf aufmerksam, dass jede gesetzliche Beschränkung der Arbeitszeit misslingen und vom Kapital durchbrochen werden wird, wenn nicht die Tageszeit bestimmt wird, in die die acht Arbeitsstunden zu fallen haben. Die Länge der Zeit muss bestimmt sein durch die acht Arbeitsstunden und die dazwischen fallenden Pausen für Mahlzeiten. Machen z. B. diese Pausen eine Stunde aus, so muss die gesetzliche Zeit des Arbeitstages auf 9 Stunden festgesetzt werden, sage von 7 Uhr morgens bis 4 Uhr abends oder von 8 Uhr morgens bis 5 Uhr abends usw.

Nachtarbeit soll nur ausnahmsweise gestattet sein in Gewerben oder Gewerbezweigen, die vom Gesetze besonders bezeichnet werden.

Diese Bestimmungen beziehen sich bloß auf erwachsene Personen, Männer und Frauen. Letztere sind jedoch aufs Strengste von aller Nachtarbeit auszuschließen, ebenso von jeder Arbeit, die ihr Schamgefühl verletzt oder ihren Körper giftigen oder sonstwie schädlichen Einwirkungen aussetzt.

Unter erwachsenen Personen verstehen wir solche, die das achtzehnte Lebensjahr erreicht oder überschritten haben.

2. Die Kinderarbeit.

Wir betrachten die Tendenz der modernen Industrie, Kinder und junge Personen beiderlei Geschlechts zur Mitwirkung an dem Werke der gesellschaftlichen Produktion heranzuziehen, als eine fortschrittliche, heilsame und berechtigte Tendenz, obgleich die Art und Weise, auf welche diese Tendenz unter der Kapitalherrschaft verwirklicht wird, eine abscheuliche ist.

In einem rationellen Zustand der Gesellschaft sollte jedes Kind ohne Unterschied vom 9. Jahre an ein produktiver Arbeiter werden; ebenso wie keine erwachsene Person von dem allgemeinen Gesetz der Natur ausgenommen sein sollte, nämlich zu arbeiten, um imstande zu sein, zu essen, und zu arbeiten nicht bloß mit dem Gehirn, sondern auch mit den Händen.

Im gegenwärtigen Augenblick jedoch haben wir nur mit den Kindern der arbeitenden Klasse zu schaffen. Wir halten es für notwendig, dass die Kinder und jungen Personen beider Geschlechter in drei Klassen geteilt werden, die verschieden zu behandeln sind. Die erste Klasse soll die Kinder von 9–12 Jahren enthalten, die zweite die von 13–15 Jahren, und die dritte soll die Jünglinge und Mädchen von

16 und 17 Jahren in sich fassen. Wir schlagen vor, dass die Beschäftigung der ersten Klasse in irgendeiner Werkstelle oder häuslichen Arbeit gesetzlich auf zwei Stunden täglich beschränkt wird, die der zweiten auf vier und die der dritten auf sechs. Für die dritte Klasse muss eine Unterbrechung der Arbeitszeit von wenigstens einer Stunde für Mahlzeiten und Erholung stattfinden.

Es mag wünschenswert sein, dass der Elementarunterricht des Kindes vor dem Alter von 9 Jahren anfangen sollte, aber wir haben es gegenwärtig nur mit solchen Maßregeln zu tun, die absolut notwendig sind, als Gegenwirkung gegen die Tendenzen eines Systems der gesellschaftlichen Produktion, welches den Arbeiter herabwürdigt zu einem bloßen Instrument für die Aufhäufung von Kapital, und Eltern durch ihre Not zu Sklavenhändlern und Verkäufern ihrer eigenen Kinder macht. Das Recht der Kinder und jungen Personen muss geschützt werden. Sie sind nicht imstande, für sich selbst zu sorgen. Es ist deshalb die Pflicht der Gesellschaft, für sie einzutreten.

Wenn die Mittel- und höheren Klassen ihre Pflichten gegen ihre Abkömmlinge vernachlässigen, so ist es ihre eigene Schuld. Teilnehmend an den Vorrechten jener Klassen ist das Kind verurteilt, unter ihren Vorurteilen zu leiden.

Mit der Arbeiterklasse steht es anders. Der einzelne Arbeiter ist kein freier Mann. Er ist in zu vielen Fällen sogar zu unwissend, das wahre Interesse seines Kindes oder die moralischen Gesinnungen der menschlichen Entwicklung zu verstehen. Jedoch der aufgeklärteste Teil der Arbeiterschaft versteht vollständig, dass die Zukunft seiner Klasse und damit die der Menschheit durchaus von der

Ausbildung der werdenden Generation abhängt. Er weiß, dass vor allem anderen die Kinder und jugendlichen Arbeiter vor den erdrückenden Wirkungen des gegenwärtigen Systems geschützt werden müssen. Dies kann nur bewirkt werden durch die Verwandlung sozialer Vernunft in soziale Gewalt, das heisst unter den gegebenen Umständen durch keine andere Methode als allgemeine Gesetze, durch gesetzliche Macht des Staates. In der Durchsetzung solcher Gesetze befestigt die Arbeiterklasse nicht die regierende Macht. Im Gegenteil, sie verwandelt jene Macht, die jetzt gegen sie gebraucht wird, in ihren eigenen Diener. Sie erreicht durch ein allgemeines Gesetz, was sie vergeblich durch eine Menge isolierter, individueller Anstrengungen erstreben würde.

Von diesem Standpunkte ausgehend, sagen wir, dass Eltern und Unternehmern durch die Gesellschaft die Erlaubnis zur Ausnutzung der Arbeit von Kindern oder jungen Personen nur unter der Bedingung gegeben werden darf, dass jene produktive Arbeit mit Bildung verbunden wird. Unter Bildung verstehen wir drei Dinge:

Erstens: geistige Bildung.

Zweitens: körperliche Ausbildung, solche, wie sie in den gymnastischen Schulen und durch militärische Übungen gegeben wird.

Drittens: technische Erziehung, welche die allgemeinen wissenschaftlichen Grundsätze aller Produktionsprozesse mitteilt und welche gleichzeitig das Kind und die junge Person einweiht in den praktischen Gebrauch und in die Handhabung der elementaren Instrumente aller Arbeitszweige.

Mit der Einteilung der Kinder und jungen Personen vom 9. bis 17. Jahre in drei Klassen sollte ein allmählicher und fortschreitender Lehrgang der geistigen, gymnastischen und technischen Erziehung verbunden sein.

Die Kosten der technischen Schulen sollten teilweise gedeckt werden durch den Verkauf ihrer Produkte.

Die Verbindung von bezahlter produktiver Arbeit mit geistiger Bildung, körperlicher Übung Und technischem Unterricht wird die Arbeiterklasse weit über die höheren und mittleren Klassen heben.

Es ist selbstverständlich, dass die Beschäftigung aller Personen vom 9. bis einschliesslich 17. Jahre des Nachts und in gesundheitsschädlichen Gewerben aufs Strengste verboten werden muss.

3. Die Genossenschaften.

Es ist die Aufgabe der Internationalen Arbeiter-Assoziation, die von selbst entstehenden Bewegungen der Arbeiterklasse miteinander in Verbindung zu bringen, zu verallgemeinern und ihnen Einheitlichkeit zu geben, aber nicht ihnen doktrinäre Systeme irgendwelcher Art zu diktieren oder aufzudrängen. Der Kongress sollte sich deshalb nicht für ein besonderes System des Genossenschaftswesens aussprechen, sondern sich auf die Erklärung einiger allgemeinen Grundsätze beschränken:

a) Wir anerkennen die Genossenschaftsbewegung als eine der Triebkräfte zur Umwandlung der gegenwärtigen Gesellschaft, welche auf Klassengegensätzen beruht. Ihr grosses Verdienst besteht darin, praktisch zu zeigen, dass das bestehende verarmende und despotische System der Unterjochung der Arbeit unter das Kapital aufgehoben werden kann durch das wohlstanderzeugende und republikanische System der Assoziation von freien und gleichen Produzenten.

b) Aber die Genossenschaftsbewegung, beschränkt auf die zwerghaften Formen der Entwicklung, welche ihr einzelne Lohnarbeiter durch ihre Vereinigung geben können, *ist nicht imstande, durch sich selbst die kapitalistische Gesellschaft umzugestalten*. Um die gesellschaftliche Produktion in ein großes und harmonisches System der freien und genossenschaftlichen Arbeit zu verwandeln, bedarf es allgemeiner gesellschaftlicher Veränderungen, Veränderungen der allgemeinen Bedingungen der Gesellschaft, welche nie verwirklicht werden können ohne Übertragung der organisierten Gewalt der Gesellschaft, *nämlich der Staatsmacht aus den Händen der Kapitalisten und Landeigentümer in die der Arbeiter selbst*.

c) Wir empfehlen den Arbeitern, sich eher auf Produktivgenossenschaften als auf Konsumgenossenschaften einzulassen. Die letzteren berühren nur die Oberfläche des heutigen ökonomischen Wesens, die ersteren greifen es in seinen Grundfesten an.

d) Wir empfehlen allen Kooperativgenossenschaften, einen Teil ihres Gesamteinkommens in einen Fonds zu verwandeln, der hilft, ihre Grundsätze zu verbreiten, sowohl durch Beispiele als durch Vorschriften, in anderen Worten: durch theoretische und praktische Anleitungen zur Förderung der Errichtung von neuen Genossenschaftsfabriken.

e) Um zu verhindern, dass Kooperativgesellschaften in gewöhnliche bürgerliche Aktiengesellschaften entarten, sollten alle Arbeiter, die bei ihnen beschäftigt sind, ob Aktionäre oder nicht, gleichen Anteil[9] haben. Als ein bloß zeitweiliges Auskunftsmittel sind wir willens zuzugeben, dass die Aktionäre Zinsen zu einem niedrigen Fuß erhalten.

4. Die Gewerkschaften.

a) **Ihre Vergangenheit.** Kapital ist konzentrierte gesellschaftliche Macht, während der Arbeiter nur über seine Arbeitskraft verfügt. Der Vertrag zwischen Kapital und

---

9 Im französischen Text der Resolution heißt es: gleichen *Lohn*. K. K.

Arbeit kann daher nie auf billigen Bedingungen beruhen, billig nicht einmal im Sinne einer Gesellschaft, die den Besitz der materiellen Lebens- und Produktionsmittel auf die eine Seite und die lebendigen produktiven Kräfte auf die entgegengesetzte Seite setzt.

Die einzige soziale Macht auf der Seite der Arbeiter ist ihre Masse. Die Macht der Masse wird jedoch durch Uneinigkeit gebrochen. Die Zersplitterung der Arbeiter wird erzeugt und erhalten durch ihre unvermeidliche Konkurrenz unter sich selbst. Die Gewerkschaften entstanden zuerst aus spontanen Versuchen von Arbeitern zur Beseitigung oder mindestens Einengung dieser Konkurrenz, um Vertragsbedingungen zu erringen, die sie wenigstens über die Stellung bloßer Sklaven erhoben.

Das nächste Ziel der Gewerkschaften beschränkte sich daher auf die Erfordernisse des Tages, auf Mittel der Abwehr gegen die unaufhörlichen Übergriffe des Kapitals, mit einem Wort: auf Fragen des Lohnes und der Arbeitszeit. Diese Tätigkeit der Gewerkschaften ist nicht bloß gerechtfertigt, sie ist notwendig. Man kann ihrer nicht entraten, solange die heutige Produktionsweise fortbesteht. Im Gegenteil, sie muss verallgemeinert werden durch die Gründung und die Zusammenfassung von Gewerkschaften in allen Ländern.

Auf der anderen Seite sind die Gewerkschaften, ohne dass sie sich dessen bewusst wurden, zu Brennpunkten der Organisation der Arbeiterklasse geworden, wie die mittelalterlichen Munizipalitäten und Gemeinden es für die Bourgeoisie geworden waren. Wenn die Gewerkschaften unumgänglich sind für den täglichen Guerillakrieg zwischen Kapital und Arbeit, so sind sie noch weit wichtiger als organisierte Förderungsmittel der Aufhebung des Systems der Lohnarbeit selbst.

b) **Ihre Gegenwart.** Die Gewerkschaften haben bisher die lokalen und unmittelbaren Kämpfe gegen das Kapital zu ausschließlich vor Augen gehabt. Sie haben ihre Kraft zum Angriff auf das System der Lohnsklaverei und gegen die heutige Produktionsweise noch nicht vollkommen begriffen. Sie hielten sich deshalb zu fern von allgemeinen sozialen und politischen Bewegungen. In letzter Zeit scheinen sie jedoch einigermaßen zum Bewusstsein ihrer großen historischen Aufgabe zu erwachen, wie man schließen kann zum Beispiel aus ihrer Beteiligung in England an der jüngsten politischen Bewegung, aus der höheren Auffassung ihrer Funktionen in den Vereinigten Staaten und aus folgendem Beschluss, den die letzte große Konferenz der Delegierten der Trade-Unionisten in Sheffield gefasst hat:

> »Diese Konferenz würdigt vollkommen die Bestrebungen der Internationalen Assoziation, die Arbeiter aller Länder in einem gemeinsamen Bruderbund zu vereinigen, und empfiehlt eindringlich den verschiedenen Vereinen, die auf der Konferenz vertreten sind, Mitglieder jener Körperschaft zu werden in der Überzeugung, dass sie notwendig ist für den Fortschritt und den Wohlstand der ganzen Arbeiterschaft.«

c) **Ihre Zukunft.** Abgesehen von ihren ursprünglichen Zwecken müssen die Gewerkschaften nunmehr lernen, bewussterweise als Brennpunkte der Organisation der Arbeiterklasse zu handeln, im großen Interesse ihrer vollständigen Emanzipation. Sie müssen jede soziale und politische Bewegung unterstützen, die auf dieses Ziel lossteuert. Indem sie sich selbst als die Vorkämpfer und Vertreter der ganzen Klasse betrachten und danach handeln, muss es ihnen gelingen, die außerhalb der Gewerkschaft Stehenden an sich zu ziehen. Sie müssen sich sorgsam der Interessen der schlechtestbezahlten Arbeiterschichten annehmen, zum Beispiel der Landarbeiter, denen besonders ungünstige Umstände ihre Widerstandskraft genommen haben. Sie müssen die ganze Welt zur Überzeugung bringen, dass ihre Bestrebungen, weit entfernt, engherzig und selbstsüchtig zu sein, vielmehr die Emanzipation der niedergetretenen Massen zum Ziele haben.

Nachbemerkung

Die **Inauguraladresse der Internationalen Arbeiter-Assoziation** (IAA) gehört zu den wichtigen programmatischen Schriften der Frühzeit der internationalistischen Arbeiterbewegung. Karl Marx hatte den Text ursprünglich auf Englisch verfasst; der Londoner Gründungskongress der IAA verabschiedete ihn im Oktober 1864 als **Address and Provisional Rules of the International Working Men's Association**. Zwar erschien bereits im Dezember 1864 eine von Karl Marx selbst ins Deutsche übersetzte Version des Textes. Die Übersetzung wies jedoch sprachliche Eigentümlichkeiten auf* und war – aufgrund einer geringen Auflage – der deutschsprachigen Arbeiterklasse nicht wirklich zugänglich. In den folgenden Jahren erschienen weitere deutsche Ausgaben, darunter eine Version von Wilhelm Eichhoff, die in Deutschland größere Bekanntheit erlangte. Eichhoff hatte den Text neu übersetzt, doch laut Karl Kautsky ließ es auch diese Übersetzung an Verständlichkeit und sprachlicher Korrektheit vermissen.

Für eine Neuherausgabe der **Inauguraladresse** ließ Karl Kautsky deshalb im Jahr 1922 den englischen Text neu ins Deutsche übertragen. Zeitlich stand diese Neuherausgabe im Zusammenhang mit dem Versuch, die Arbeiterbewegung zumindest auf internationaler Ebene wieder zu vereinen. Auf Initiative der öster-

* Vgl.: Karl MARX und Friedrich ENGELS: **Werke**, Bd.16, 1962, Berlin (DDR), S.5-13.

reichischen SDAP fand deshalb Anfang April 1922 in Berlin eine sogenannte »Vorkonferenz« statt, die eine gemeinsame Weltkonferenz der drei inzwischen existierenden Internationalen vorbereiten sollte. Der Versuch scheiterte jedoch.

Die Neuübersetzung der **Inauguraladresse** besorgte Luise Kautsky. Sie verfügte bereits über Erfahrungen mit der Übertragung von Marx' englischen Texten ins Deutsche. Schon 1917 hatte sie für die von Dawid Rjasanow herausgegebenen **Gesammelten Schriften von Karl Marx und Friedrich Engels** mehrere hundert Zeitungsartikel von Marx übersetzt, die in den Jahren 1852 bis 1862 in der ***New York Daily Tribune*** und dem Londoner ***Peoples' Paper*** erschienen waren.

Das vorliegende Buch erscheint als Band 7 in der Buchreihe **Luise KAUTSKY – Gesammelte Schriften**, mit der nicht nur Luise Kautskys Texte, sondern auch ihre Übersetzungen einer interessierten Öffentlichkeit wieder zugänglich gemacht werden sollen. Dieser Band orientiert sich an: **Karl MARX: Die Inauguraladresse der internationalen Arbeiter-Association**. Übersetzt von Luise Kautsky. Herausgegeben, eingeleitet und kommentiert von Karl Kautsky, Stuttgart/Berlin 1922.
Sperrungen im Original werden hier kursiv dargestellt. Die Orthografie wurde behutsam an die neue deutsche Rechtschreibung angepasst, Schreibweisen vereinheitlicht, aber zeittypische Formulierungsweisen nicht verändert, etwa: Der Kongress »ladet die Arbeiter ... ein«.

Günter Regneri

heptagon VERLAGSINFORMATION

Luise Kautskys Bücher sind heute längst vergriffen und ihre Zeitungsartikel und die von ihr übersetzten Bücher finden sich nur verteilt über verschiedene Bibliotheken.
Die als Leseausgabe konzipierte Reihe GESAMMELTE SCHRIFTEN soll Luise Kautskys Werk erneut der interessierten Öffentlichkeit zugänglich machen.

Luise KAUTSKY – Gesammelte Schriften

Bisher erschienen in der vom heptagon Verlag herausgegebenen Reihe folgende Bände:

Band 1: Luise KAUTSKY: **Rosa Luxemburg – Ein Gedenkbuch**
Print-ISBN: 978-3-96024-000-6; E-Book-ISBN: 978-3-934616-02-8

Band 2: Luise KAUTSKY: **Starke Frauen – 15 Porträts von Jenny Marx bis Rosa Luxemburg**
Print-ISBN: 978-3-934616-04-2; E-Book-ISBN: 978-3-934616-03-5

Band 3: Luise KAUTSKY: **Kluge Männer – Gedanken über führende Köpfe der sozialistischen Bewegung**
Print-ISBN: 978-3-96024-002-0; E-Book-ISBN: 978-3-96024-001-3

Band 4: Luise KAUTSKY: **Schulverpflegung in Europa**
Print-ISBN: 978-3-96024-003-7; E-Book-ISBN: 978-3-934616-05-9

Band 7: Karl MARX: **Die Inauguraladresse der Internationalen Arbeiter-Assoziation.**
Übersetzt von Luise Kautsky. Herausgegeben, eingeleitet und kommentiert von Karl Kautsky
Print-ISBN: 978-3-96024-006-8; E-Book-ISBN: 978-3-96024-007-5

Vorankündigung:

Band 5: Luise KAUTSKY: **Erlebtes und Erfahrenes**
Print-ISBN: 978-3-96024-005-1; E-Book-ISBN: 978-3-96024-004-4

Weitere Bände sind geplant.

Bestellung der E-Books unter: www.heptagon.de